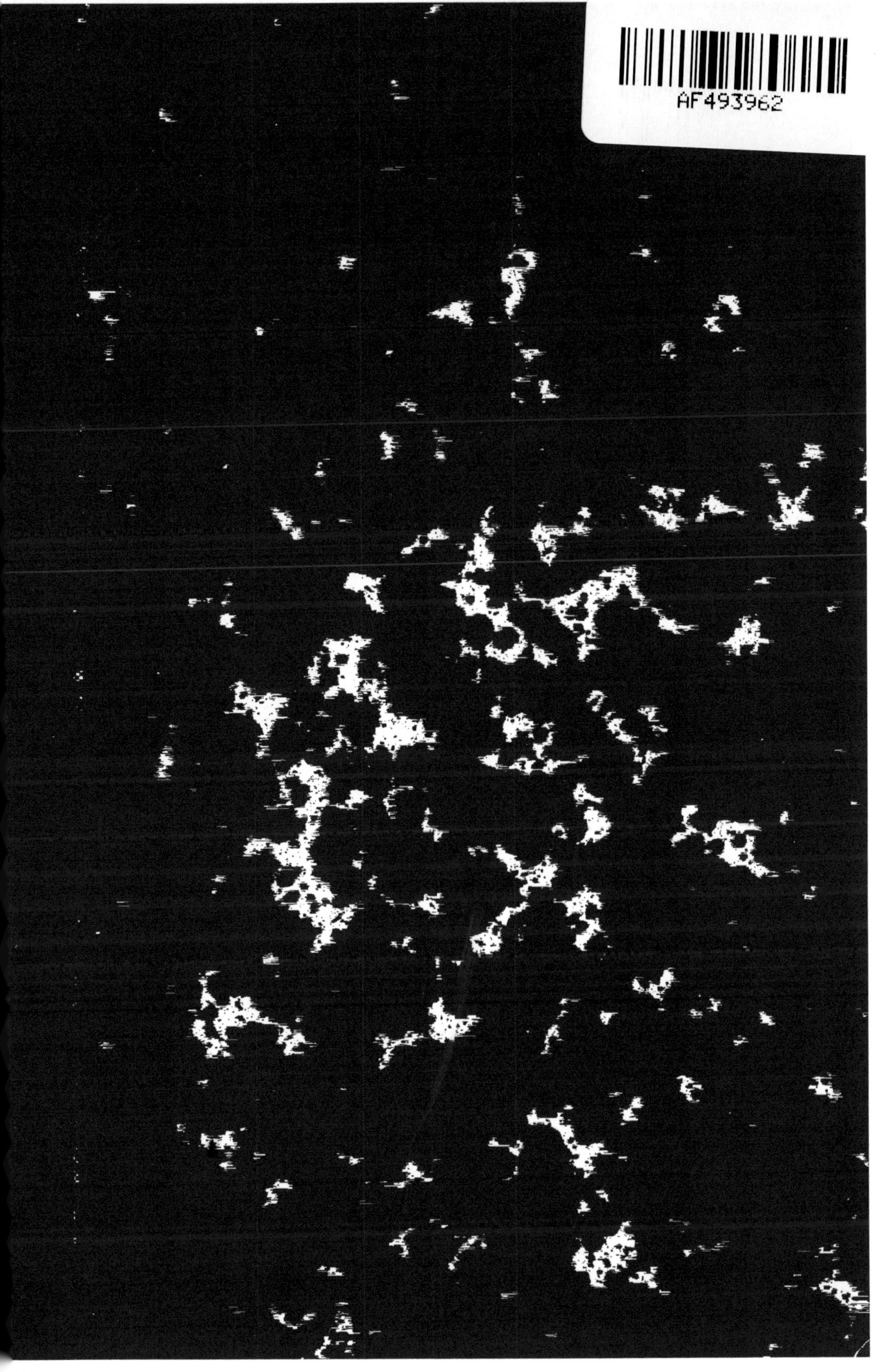

Prix : 1 fr. 60 c.

1812

CAMPAGNE DE RUSSIE

PAR

ALFRED ASSOLLANT

ILLUSTRÉ
DE 40 GRAVURES
PAR
J. WORMS
D'APRÈS
DES DOCUMENTS AUTHENTIQUES

ARMAND LE CHEVALIER, Éditeur
61, RUE DE RICHELIEU

1812

CAMPAGNE DE RUSSIE

GRAVURES

1812

CAMPAGNE DE RUSSIE

PAR

ALFRED ASSOLLANT

ILLUSTRÉ

DE 40 GRAVURES

PAR

J. WORMS

D'APRÈS

DES DOCUMENTS AUTHENTIQUES

INTRODUCTION

La campagne de Russie est l'épisode le plus funeste des guerres de l'empire. La grande armée y périt presque tout entière, non pas de froid, comme Napoléon l'a dit et comme on l'a répété après lui, mais de faim, de misère et de fatigue. Ceux qui revinrent en France n'étaient plus que l'ombre de cette bande héroïque qui avait parcouru en tous sens le continent européen et planté ses drapeaux sur les remparts de Cordoue et sur les tours du Kremlin.

Si l'on s'étonne que, pouvant choisir entre tant de victoires, j'aie préféré raconter un désastre qui a fait saigner longtemps le cœur de la France et répandu le deuil dans toutes les familles, il faut se souvenir que l'histoire des peuples n'est pas faite uniquement pour flatter leur orgueil, mais pour leur servir d'exemple et de leçon; qu'on ne guérit pas les plaies de la patrie en les couvrant d'un voile, et qu'il est temps d'abandonner la légende et de dire la vérité tout entière. La gloire de nos soldats n'en souffrira pas. Même dans l'épouvantable retraite de Moscou, leur courage demeura inébranlable; ils n'accusèrent ni l'ambition ni la témérité de leur chef, et firent respecter jusqu'au dernier jour, devant l'ennemi, le drapeau tricolore.

Napoléon seul perdra peut-être dans ce récit quelque chose de ce prestige extraordinaire que lui ont donné des historiens de parti, écrivant sous les Bourbons et contre les Bourbons; mais il faut justifier la France du reproche d'ingratitude. Non, la patrie n'a pas été ingrate envers le vainqueur d'Arcole et de Marengo; mais quand elle fut lasse de verser le plus pur de son sang pour faire de lui le maître du monde, elle soutint avec un courage désespéré le dernier choc de l'Europe; et, vaincue, désarmée, saignée à blanc, placée entre son propre salut et l'empereur, elle subit la loi de l'Europe.

C'est toute l'histoire de 1814.

1812

CAMPAGNE DE RUSSIE

I

Situation de l'Europe en 1812.

Au commencement de 1812 Napoléon était maître du continent. A l'est, Poniatowski et les Polonais de Varsovie, factionnaires vigilants, montaient pour lui la garde entre la Vistule et le Niémen, et surveillaient les mouvements de la Russie; le roi de Saxe, Jérôme roi de Westphalie, et les princes de la confédération du Rhin, tenaient en échec la Prusse et l'Autriche; sur les côtes de la mer du Nord et de la Baltique, Davoust, le vainqueur d'Auerstædt, commandait une armée de deux cent mille Français répandus de l'Ems à la Vistule, et de Hambourg, son quartier général, faisait trembler toute l'Allemagne. Au sud, Joseph, le frère aîné de Napoléon, et Murat, son beau-frère, étaient rois d'Espagne et de Naples, car l'ancien sous-lieutenant d'artillerie, devenu empereur des Français, roi d'Italie, protecteur de la confédération du Rhin et médiateur de la confédération helvétique, donnait de l'avancement à tous ceux qui l'avaient servi. Ses soldats devenaient maréchaux et ducs, ses ministres devenaient princes, et ses frères devenaient rois.

Pour lui, son ambition croissait avec sa fortune. Chaque année il reculait les limites de l'empire français : orient, occident, nord ou midi, il s'étendait dans tous les sens. Ne pouvant ôter la mer aux Anglais, ni les saisir corps à corps dans leur île comme il avait rêvé de le faire avant Trafalgar, il voulait leur fermer le continent. Par Venise et Trieste au sud, par Hambourg et Dantzig au nord, il leur interdisait tout commerce avec l'Allemagne et la Pologne. Ses douaniers, plus redoutés encore que ses soldats, couvraient tous les rivages, saisissaient partout les marchandises anglaises et les brûlaient en place publique. Acharné dans son dessein de pousser l'Angleterre à la banqueroute, il n'épargnait pas même sa propre famille. Son frère Louis, roi de Hollande, ayant favorisé la contrebande, fut forcé de donner sa démission comme un préfet; le royaume fut découpé en départements français, et les Hollandais, que ruinait le blocus continental, reçurent pour consolation l'assurance qu'Amsterdam serait désormais la troisième ville de l'empire. (La seconde était Rome.)

Tout paraissait lui réussir, — même la trahison. Si le Portugal, conquis au pas de course par Junot, fut repris en une semaine par les Anglais, l'Espagne, ouverte de toutes parts et attaquée par surprise, était tout entière aux Français. Le roi Joseph était maître à Madrid, Suchet à Valence et à Saragosse, Mathieu Dumas à Barcelone, Soult à Séville, à Cordoue et à Badajoz. Toutes les grandes villes étaient occupées, la campagne seule restait aux guérillas, et l'assemblée des cortès n'avait que Cadix pour asile.

Qui n'aurait cru que la fin de cette terrible guerre était proche; que les Espagnols, lassés, déposeraient les armes; que Wellington, resté seul en Portugal, serait jeté à la mer, et que Napoléon, ne rencontrant plus aucun obstacle entre Lisbonne et Dantzig, dicterait aux Anglais les conditions de la paix?

Mais toute cette puissance était plus apparente que réelle. Au delà des frontières de l'ancienne France les peuples n'obéissaient qu'à la force, et la France elle-même était épuisée d'hommes et d'argent. Malgré les contributions levées en Autriche et en Prusse, malgré le pillage de l'Espagne et du Portugal, le budget croissait tous les ans. Il fallait payer les dépenses du gouvernement espagnol en même temps que celles du gouvernement français. Le roi Joseph, réduit aux octrois de Madrid, et aussi prodigue que s'il avait eu à sa disposition, comme Charles-Quint, les trésors des deux Indes, n'écrivait à Napoléon que pour lui demander de l'argent, se chargeant, disait-il, de créer une armée espagnole et de repousser les Anglais. De son côté, l'empereur, plus avare de ses millions que de ses conscrits, raillait amèrement l'incapacité de son frère, lui reprochait ses maîtresses, ses favoris, ses prétentions au génie militaire, et se dégoûtait tous les jours davantage de la guerre d'Espagne sans avoir le courage de la terminer par un grand effort ou d'y renoncer en faisant la paix avec les cortès.

Dès les premiers jours de 1811, un observateur attentif, vigilant, clairvoyant, le duc de Wellington, qui commandait alors l'armée anglaise en Portugal, avait remarqué cette disette d'argent qui devait bientôt chasser les Français de la Péninsule. « Ils vivent de pillage, écrivait-il à son frère le marquis de Wellesley, marchent sans paye, sans vivres et sans magasins, mettent en coupe réglée le pays et les habitants; mais aussi chaque année ils perdent la moitié des troupes qu'ils ont mises en campagne. »

En effet, la consommation des hommes devenait effrayante. A l'ancienne armée de la république que Napoléon avait gardée presque tout entière sous les drapeaux, il ajoutait continuellement de nouvelles levées : en 1804, soixante mille hommes; en 1805, cent quarante mille; en 1807, cent soixante mille, dont quatre-vingt mille à prendre d'avance sur la classe de 1808, — les classes précédentes, déjà épuisées, ne pouvant plus rien donner; en 1808, deux cent quarante mille ; en 1809, soixante-seize mille ; en 1810, cent soixante mille ; en 1811, cent vingt mille. Total : *Neuf cent cinquante-six mille hommes* en huit ans. De plus, la guerre durant toujours, il n'accordait de congé à personne,

Murat.

si ce n'est aux invalides et à quelques vieux officiers soupçonnés de sentiments républicains. Autrefois, pendant l'expédition d'Égypte, Kléber l'avait surnommé le *général à mille hommes par jour*. Mais ce temps était déjà loin, et l'on pouvait prévoir l'effroyable conscription de 1813, dans laquelle on appela sous les armes *un million quarante mille hommes*, — chiffre qui paraîtrait fabuleux s'il n'était attesté par cinq sénatus-consultes authentiques. Qu'on s'étonne, après cela, du cri qui salua la rentrée des Bourbons en 1814 : « *Plus de conscription! Plus de droits réunis!* »

II

Napoléon et ses lieutenants.

On a toujours dit et cru que Napoléon aimait la guerre comme un grand peintre aime la peinture, parce qu'il la faisait admirablement, et aussi parce qu'il était dispensé, par elle, de rendre la liberté au peuple français. Il est vrai cependant qu'en 1811 il avait soif de repos. Il était à l'âge où l'homme le plus robuste commence à sentir la fatigue. Il avait engraissé, il montait moins souvent à cheval, il commençait à perdre l'habitude des camps, il aimait à bâtir, il embellissait Paris; enfin, il venait d'avoir un fils, le petit roi de Rome, et il voulait fonder sa dynastie. Autour de lui, ses maréchaux, enrichis des dépouilles des peuples vaincus, aspiraient à la paix. Déjà le plus intrépide et le plus renommé de tous, Masséna, envoyé, contre son gré, en Portugal, avait donné des marques de lassitude, et avait été rappelé. Murat, heureux de vivre à Naples, de n'être plus sous la pesante main de l'empereur, et de régner, rêvait de faire sa paix particulière avec l'Europe. Bernadotte, à peine élu roi de Suède, offrait son alliance aux Russes et aux Anglais. Napoléon, se sentant menacé par ses propres lieutenants, devenus ses vassaux, les menaçait à son tour, et l'exemple du roi de Hollande, son propre frère, était bien fait pour effrayer tous les autres.

Ce roi, honnête homme, d'humeur triste et mélancolique, trop pressé de régner (comme tous les Bonaparte), pour ne pas accepter sans conditions le trône que Napoléon lui avait offert, et trop sensé pour ne pas voir, dès qu'il eut pris possession d'Amsterdam, qu'il lui faudrait trahir ou la Hollande ou l'empereur, opta franchement pour sa patrie adoptive, favorisa la contrebande et reçut presque publiquement les vaisseaux anglais dans ses ports, ce qui était le coup le plus funeste qu'on pût porter au blocus continental.

C'était ouvrir une brèche par où passaient les cotonnades anglaises, artillerie plus redoutable que celle même de Napoléon.

Celui-ci n'hésita pas. Il n'en était plus à compter les rois qu'il avait détrônés. Dans la guerre à mort qu'il soutenait contre les Anglais et que ceux-ci avaient eux-mêmes proclamée « *viagère,* » tout ménagement était impossible : l'empereur devait périr ou réduire l'Angleterre à la banqueroute. Par un décret, il ferma la brèche, réduisit de moitié le royaume de Hollande et mit garnison dans Amsterdam; puis, comme son frère, toujours inquiet, malade, découragé, se défiant de sa propre famille, s'était hâté d'abdiquer et de fuir en Autriche, un autre décret proclama la réunion des Hollandais à la France : — grand sujet de scandale et d'alarme pour les rois d'ancienne et nouvelle fabrique.

Murat en trembla sur son trône, Joseph entama des négociations avec les cortès de Cadix pour débarrasser l'Espagne des armées française et anglaise, et le roi de Prusse, si maltraité à Tilsitt, et enveloppé de tous côtés par les soldats, les alliés ou les vassaux du vainqueur d'Iéna, jeta un regard inquiet et suppliant vers son ancien ami et infortuné compagnon d'armes, Alexandre Ier, czar de toutes les Russies.

III

Alexandre Ier.

Ce prince, qui allait jouer un si grand rôle en Europe pendant l'année 1812 et devenir, l'année suivante, le roi des rois ligués contre Napoléon, avait eu, dès sa jeunesse, une destinée tragique.

Né en 1777, il fut élevé sur les genoux de Catherine II, sa grand'mère, au milieu des meurtriers de son aïeul, Pierre III, et il vit son père, qui fut, plus tard, le czar Paul Ier, réduit, par la défiance de Catherine et par cette sorte de folie qui paraissait attachée au sang de la maison de Holstein, à passer sa vie au camp de Gachina, fumant, buvant et faisant l'exercice comme un caporal.

On sentait dans ce *Gachinois*, comme l'appelaient les courtisans de la czarine, le sang de Pierre III filtré au travers de Catherine. Celle-ci, qu'il ne faut pas juger avec trop de sévérité, car elle n'eut que le choix de tuer son mari, d'en être tuée ou de périr avec lui dans une insurrection militaire, s'efforça, du moins, de légitimer son pouvoir. Elle flatta par des conquêtes l'orgueil du peuple russe, elle lui donna des lois plus douces, et, trop certaine que l'esprit rétif, opiniâtre et borné de Paul, était incapable de comprendre et de continuer son œuvre, elle fit donner à ses deux petits-fils Alexandre et Constantin l'éducation la plus libérale. Constantin, le cadet, qu'on a vu, plus tard, vice-roi de Pologne, et qui devait, comme presque tous ceux de sa race, mourir d'une mort étrange, garda l'ignorance et la brutalité de son père et de son aïeul; mais Alexandre, l'aîné, reçut avidement les leçons de son précepteur Laharpe, avocat vaudois, homme d'un grand cœur et partisan des idées nouvelles.

Au témoignage unanime de ceux qui l'ont vu de près, il n'y a pas eu en ce siècle de souverain plus doux, plus aimable et plus généreux que l'empereur Alexandre. Sa tête ronde, spirituelle et fine, un peu joufflue, comme celle d'un enfant rose et bien portant, souriait et voulait plaire à tout le monde; elle avait la grâce et la séduction, mais non la fermeté hautaine de Catherine II. Par une disposition d'esprit bien rare chez un souverain, il aimait à persuader autant qu'à commander. Il punissait rarement et ne s'est jamais vengé. Un tel caractère, admirable dans un simple citoyen, l'était bien davantage encore dans le souverain d'une nation presque barbare qui ne connaissait pas de milieu entre l'obéissance absolue et l'assassinat du maître.

Une seule chose, mais atroce, a gâté toutes ses vertus et jeté une ombre éternelle sur sa vie, c'est la mort de Paul Ier. Lorsque ce dernier arriva au trône, les Gachinois, ses favoris, bottés, éperonnés, sentant, dit un contemporain, le tabac et l'écurie, envahirent le palais autrefois si brillant de la czarine. Pendant cinq ans, Pétersbourg eut l'apparence d'un corps-de-garde, et Alexandre, héritier présomptif de l'empire, vécut presque seul avec un petit nombre d'amis, dont le principal était le Polonais Adam Czartorisky, neveu du dernier roi de Pologne, élevé comme otage à la cour de Catherine et célèbre dès ce temps-là par sa morgue et son incapacité. Menacé lui-même ou croyant l'être par la défiance du czar, Alexandre fut le confident et le complice des conjurés. Il connut d'avance et approuva le dessein qu'on avait formé de détrôner son père. Mais on ne frappe les rois qu'à la tête, et il devait prévoir qu'il signait l'arrêt de mort du czar.

Quand le général Benningsen entra dans la chambre de Paul Ier avec ses amis et le découvrit caché derrière un paravent, un des conjurés, effrayé, voulut sortir; mais Benningsen s'en aperçut, alla refermer la porte, et, le menaçant de son sabre, lui dit : « Monsieur, quand on a tant fait que d'entrer ici, on ne doit pas en sortir avant d'avoir terminé toute l'affaire. » Et, revenant sur le czar étendu à terre, il lui écrasa, dit-on, la cervelle à coups de talon de botte. Alexandre n'ignora aucun détail de l'assassinat et n'osa ou ne voulut, craignant peut-être les révélations, punir les assassins. Quelques-uns seulement furent renvoyés de la cour. Benningsen lui-même reçut, quatre ans plus tard, le commandement en chef de l'armée d'Eylau et de Friedland, et le comte Pahlen, principal auteur de la conspiration, garda quelque temps encore le gouvernement militaire de Pétersbourg.

A vrai dire, ce gouvernement que l'Europe croyait despotique, n'était qu'une république aristocratique et militaire comme celle des deys d'Alger. Le czar était maître de tout, jusqu'au moment où on l'égorgeait lui-même. Huit ou neuf ans après la mort de Paul Ier, comme on se plaignait d'Alexandre, Benningsen qui avait tué le père, prit la défense du fils : « *Gardons-le*, dit-il, *car si l'on venait à s'en débarrasser, en voilà encore un qu'il faudrait assommer.* » Celui qu'au dire de Benningsen il aurait fallu « *assommer* » était le grand-duc Constantin, dont la brutalité stupide et sombre effrayait les plus intrépides.

Soit crainte d'un sort pareil à celui de Paul Ier, soit quelque motif encore moins excusable, Alexandre ne fit aucune recherche contre les assassins; mais le reste de son règne ne démentit pas cette clémence peut-être nécessaire qui s'alliait bien, du reste, avec la mobilité et l'indécision de son esprit. Aussi habile à séduire les autres hommes que prompt à se laisser séduire lui-même, il changea plusieurs fois d'alliés et de politique, donnant alternativement la main, tantôt à la Prusse et à l'Angleterre, et tantôt à la France, se faisant battre à Austerlitz et à Friedland par Napoléon, et se jetant dans ses bras à Tilsitt. Ces fréquents changements de politique l'ont fait accuser de duplicité : accusation peu vraisemblable. A Sainte-Hélène, Napoléon l'appelait « *ce Grec du Bas-Empire* » et se plaignait d'avoir été trompé par ses protestations; mais il ne dut s'en prendre qu'à lui-même de son erreur. Alexandre fut pendant trois ans l'allié sincère de la France, et le témoignage des deux ambassadeurs Savary et Caulaincourt, qui lui furent successivement envoyés, ne permet pas d'en douter; mais Alexandre et son chancelier Romanzoff étaient en Russie les seuls partisans de cette alliance. Savary, duc de Rovigo, soldat très-fin, très-hardi, diplomate habile et sans scrupules, aussi propre aux basses œuvres de la police qu'à la guerre ou à l'administration, raconte lui-même dans ses mémoires qu'en arrivant à Pétersbourg, aussitôt après le traité de Tilsitt, il eut beaucoup de peine à trouver un logement, et que le czar dut se charger de lui procurer un palais

Le typhus.

digne de la nation et du prince qu'il était chargé de représenter. Pendant les premiers temps, il n'était reçu nulle part, chacun affectait de lui tourner le dos au cercle de la cour, et l'impératrice mère, femme impérieuse et sotte, qui avait rêvé un instant le rôle de Catherine II, donnait l'exemple. Heureusement, le nouvel ambassadeur n'était pas facile à déconcerter. Il avait gardé la vivacité et la verdeur des soldats de la république; il sut se faire craindre, sinon respecter. « Il vous caresse, disait Joseph de Maistre, comme un tigre qui joue de la queue. »

Caulaincourt, duc de Vicence, qui lui succéda, trouva le terrain mieux préparé. La glace était rompue. Alexandre et Napoléon s'étaient fait l'un à l'autre de tels présents, que leur amitié paraissait inébranlable. « A vous l'Orient, à moi l'Occident, » disait Napoléon. Et chacun d'eux, avec une bonne foi, une loyauté et une générosité dont l'histoire gardera longtemps le souvenir, s'était jeté sur ses anciens alliés, pour leur faire payer les frais de la guerre. Napoléon, pour sa part, eut l'Espagne, qui avait été depuis dix ans notre plus fidèle amie, et dont les marins s'étaient fait tuer pour nous à Trafalgar. Alexandre prit la Finlande sur son grand ami le roi de Suède, Gustave IV, un fou qui se croyait destiné à sauver le monde, et qui avait, quelques mois auparavant, envoyé ses canons et ses fusils au secours de la Russie. (Dans le même temps, et pour ne rien envier à ses rivaux, le gouvernement anglais faisait bombarder Copenhague et volait la flotte danoise.)

Cimentée par de tels actes, il semblait que l'alliance ne dût jamais être rompue. Peu s'en fallut que les liens du sang ne vinssent se joindre à ceux de l'intérêt. Dès Tilsitt, on commença à prévoir le divorce de Napoléon. Le czar parut disposé à marier l'une de ses sœurs à son nouvel ami. « Et en effet, disait-on à Pétersbourg, il ne s'expose qu'à voir sa sœur déclarée quelque jour concubine et les enfants de sa sœur déclarés bâtards. » La veuve de Paul Ier, effrayée, se hâta de marier ses deux filles à deux Allemands, « roides comme leurs bottes, » le duc d'Oldenbourg et le duc de Saxe-Weimar, qui servaient dans l'armée russe.

Quant à la troisième, Anne Paulowna, dont il fut un instant question, et qui faillit être impératrice des Français, on allégua sa grande jeunesse. (Elle avait alors seize ans.) Napoléon, déjà quadragénaire et pressé de fonder sa dynastie, se décida pour Marie-Louise, que l'Autriche offrait, et garda rancune au czar de l'avoir presque exposé à l'affront d'un refus.

Ce fut la première cause de refroidissement; mais la plaie faite à l'orgueil de Napoléon aurait été bientôt guérie, si des motifs plus sérieux n'étaient venus l'envenimer.

Caulaincourt était devenu l'ami intime et presque le confident du czar, qui l'entretenait tous les jours de ses projets sur Constantinople, disant que c'était la clef de sa maison, et que, pour l'avoir, il céderait le reste du monde à Napoléon; mais les boyards russes, par orgueil national et par intérêt, haïssaient la France et le vainqueur de Friedland. Ils étaient ruinés par le blocus continental, ne pouvant vendre aux Anglais ni leur bois, ni leur fer, ni leur blé, ni leur chanvre. On criait publiquement contre le czar, on accusait sa faiblesse, on le menaçait du sort de son père. Un agent anglais, Robert Wilson, envoyé en Russie pendant la campagne de 1812, pour rendre compte des faits à son gouvernement et vérifier l'emploi des subsides de l'Angleterre, raconte lui-même que le prince Adam Czartorisky, ami particulier du czar, poussa si loin les remontrances et presque les menaces de mort, qu'Alexandre lui répondit avec une singulière douceur et une résignation toute mystique: « Je le sais; je crois que ce sera ma destinée: je ne puis la détourner, j'y suis préparé: je m'y soumets. »

La Pologne renaissante était un autre sujet de ressentiment. Les Polonais de Varsovie, heureux d'être délivrés des Prussiens, parlaient déjà de reprendre la Gallicie sur les Autrichiens et la Lithuanie sur les Russes. Avec l'aide de Napoléon, ils ne doutaient pas de s'étendre jusqu'aux portes de Smolensk, et de se donner pour frontière le Dniéper et la Dwina.

L'événement semblait les favoriser. Après Wagram, on avait agrandi le duché de Varsovie aux dépens de la Gallicie, et Alexandre, inquiet, n'avait pu obtenir de Napoléon un traité qui fût la condamnation formelle de leurs espérances. Bien plus, on commençait à parler ouvertement dans l'armée française de la résurrection du royaume de Pologne, et même on désignait déjà deux prétendants à la couronne : un Polonais, Poniatowski, neveu du misérable favori de Catherine II, et un Français, le maréchal Davoust, le plus redouté et le plus illustre, après Masséna, des lieutenants de Napoléon.

Le czar n'était pas seulement menacé dans ses intérêts; il était encore humilié dans son orgueil de famille. Napoléon, toujours pressé par la nécessité de fermer le continent et surtout l'Allemagne aux Anglais, avait poussé ses douaniers sous divers prétextes jusqu'à la frontière russe. Sur sa route se trouvait un petit prince, le duc d'Oldenbourg, oncle d'Alexandre, dont les États avaient jour sur la mer du Nord, à l'embouchure du Weser. C'était peu de chose, mais par cette ouverture, les contrebandiers anglais introduisaient leurs marchandises. Napoléon, qui venait de réunir par un décret la Hollande et les Villes Anséatiques à l'empire français, ne crut pas nécessaire d'employer plus de formalités avec un petit prince allemand, dont il ignorait d'ailleurs la parenté. En pleine paix, sans prévenir personne, il annexa l'Oldenbourg à la France.

Affront personnel au czar. Il le ressentit vivement, et protesta, mais avec modération. Il prévoyait la guerre et la redoutait, se souvenant des défaites passées.

D'ailleurs, si son adversaire était occupé en Espagne, il avait, lui, de grands embarras sur le Danube. Son armée, maîtresse de la Moldavie et de la Valachie, tenait tête aux Turcs, mais ne faisait aucun progrès.

Le Danube était entre eux, — fossé infranchissable. — Aux premiers symptômes de rupture prochaine, le czar se mit sur ses gardes, et, pourvoyant au plus pressé, envoya des troupes sur la frontière polonaise.

De son côté, Napoléon encourageait sous main la résistance des Turcs et promettait de les secourir. Des deux parts, néanmoins, on promettait de rester fidèle à l'alliance.

IV

Préliminaires diplomatiques.

Les deux empereurs mentaient également, mais ni l'un ni l'autre n'était trompé. Une innombrable quantité d'espions de toute origine, répandue en France, en Allemagne et en Russie, rendait compte de toutes leurs démarches. Quelques-uns de ces honnêtes gens appartenaient au meilleur monde (je veux dire au plus élevé en dignité) ; le colonel Czernischeff, aide de camp du czar, jeune homme brillant, hardi, spirituel, élégant, favorisé comme le beau Joconde par les plus grandes dames de la cour de Napoléon, faisait la police pour le compte de son maître, et, entre deux confidences d'amour, questionnait discrètement. Pouvait-on se défier d'un si galant homme? Il était le plus beau valseur, le causeur le plus sentimental qu'on pût voir aux Tuileries. Un jour, Joconde partit, emportant une copie exacte de la correspondance du ministère de la guerre, qu'il avait achetée à un employé subalterne. L'employé fut passé par les armes, mais Czernischeff, qui avait deux jours d'avance, ne put être rejoint, et Alexandre apprit, à n'en pouvoir douter, que la guerre était proche.

Déjà l'on se battait à coups de décret en attendant les coups de canon. Sous prétexte que la Russie, depuis la déclaration de guerre aux Anglais, importait beaucoup plus de marchandises qu'elle n'en exportait, — et en effet, le rouble de papier, monnaie russe, était réduit au quart de sa valeur nominale, — un ukase du czar éleva les droits de douane sur les marchandises françaises; ce fut la riposte au décret impérial qui avait annexé le duché d'Oldenbourg à la France. Napoléon, irrité, ne voulut pas encore éclater. Il attendait toujours la fin de la guerre d'Espagne, comptant que Masséna ou quelque autre de ses lieutenants jetterait Wellington et l'armée anglaise à la mer. De plus, il se souvenait d'avoir failli périr en 1807 dans les boues de la Pologne, et craignait le climat des Russes plus que leur armée. Double motif de prendre patience et de ne pas attaquer trop tôt un ennemi si éloigné et si difficile à saisir.

Malheureusement, il se souvint aussi des entrevues de Tilsitt et d'Erfurt, de l'amitié si aisément gagnée du czar, et il crut qu'il suffirait de le menacer pour l'obliger à céder. Depuis longtemps il s'était habitué à croire en son étoile, et à traiter tous les souverains de l'Europe comme ses vassaux; au laconisme de sa jeunesse avait succédé une prodigieuse intempérance de langue; il aimait à parader, à parler en public, à se vanter lui-même, à ridiculiser ses adversaires. A l'occasion de la naissance du roi de Rome, il se répandit devant le Conseil général du commerce et des manufactures en bravades étranges et impolitiques.

« ... Si j'ai fait la paix à Tilsitt, dit-il, c'est que l'empereur Alexandre a promis de ne plus communiquer avec les Anglais. Rien ne se serait opposé à ce que je fusse allé à Riga, à Moscou, à Saint-Pétersbourg. Je vous le dis bien haut, messieurs les négociants, ceux de vous qui ont des affaires à terminer, des fonds à retirer, doivent le faire le plus tôt possible. Le continent restera fermé aux importations de l'Angleterre. Je resterai armé de pied en cap pour faire exécuter mes décrets dans la Baltique... Je suis l'empereur du continent, » etc., etc.

De telles paroles, appuyées de préparatifs militaires immenses, n'étaient pas faites pour rassurer le czar. Quelques mois plus tard, le 15 août 1811, il eut un plus grave sujet de plainte. Le prince Kourakin, ambassadeur de Russie, s'étant présenté aux Tuileries, Napoléon lui demanda pourquoi les Russes avaient eu des revers sur le Danube, et, comme Kourakin, surpris, se défendait mal, il ajouta que le czar rassemblait des troupes sur la frontière de Pologne et le menaçait, lui, Napoléon; mais qu'il était en mesure de combattre, ayant huit cent mille hommes sous les armes et pouvant lever deux cent cinquante mille conscrits par an. — « Soit bonheur, dit-il, soit bravoure de mes troupes, soit parce que j'entends un peu le métier, j'ai toujours eu du succès à la guerre. Je ne dis pas que je vous battrai, mais nous nous battrons... »

On peut juger de l'effet que ces discours, tenus devant tout le corps diploma-

Passage du Niémen.

tique et soigneusement envenimés par les témoins, devaient produire à Pétersbourg où tout le monde, sauf le czar et son chancelier Romanzoff, haïssait ouvertement Napoléon. L'ambassadeur français, Caulaincourt, grand partisan de l'alliance russe, s'efforçait vainement d'excuser les torts de son maître. L'orgueil national était profondément et justement blessé. Alexandre lui-même, averti de tous côtés qu'une immense armée se concentrait secrètement sous les ordres de Davoust dans le nord de l'Allemagne et se rapprochait de la frontière russe, voulut avoir une franche explication. Un jour, le duc de Vicence ayant protesté des sentiments pacifiques de Napoléon, suivant l'ordre qu'il en avait reçu de Paris, le czar, qui connaissait sa franchise et sa loyauté, lui répliqua : « Cela est contraire à toutes mes informations; mais si vous me dites, vous, monsieur de Caulaincourt, que vous y croyez, à mon tour je commencerai à y croire. » Caulaincourt se leva sans répondre, salua respectueusement Alexandre, et sortit du palais. Peu de temps après, il fut rappelé et remplacé par Lauriston.

Son départ précipita la guerre. Sans avoir toute la souplesse de son prédécesseur Savary, il avait su garder le premier rang à Pétersbourg. Les autres ambassadeurs le craignaient et l'estimaient. Un seul, le général Pardo, ambassadeur du roi Joseph, l'appelait « ce général de la garde qui n'a jamais vu que le feu de la cuisine, » mais c'était pure calomnie, et Pardo se serait bien gardé de le braver en face. Le rappel de Caulaincourt fut un grand malheur pour Napoléon, car personne n'était, par son caractère et ses relations personnelles, mieux en état de maintenir la paix entre les deux empereurs. Lauriston, qui lui succéda, honnête homme aussi bien que Caulaincourt, était loin d'avoir une influence égale. Il débuta dans son ambassade par une maladresse. Le czar, l'ayant mené un jour à la parade, ce qui était son plaisir favori, lui fit remarquer avec un enthousiasme puéril une figure de contredanse militaire. — « Sire, répliqua Lauriston, c'est une de ces bagatelles auxquelles personne ne fait attention en France. » Alexandre se mordit les lèvres et garda le silence. La réponse, en effet, n'était pas d'un courtisan.

Au reste, on pouvait retarder, mais non éviter la guerre, et toute la bonne volonté des ambassadeurs et du czar devait échouer contre la résolution arrêtée de Napoléon.

V

Alliance avec la Prusse.

Cette résolution n'était pas l'effet d'un mouvement soudain de colère. Napoléon avait prévu depuis longtemps et désiré ce dernier choc des deux empires, après lequel, il l'espérait du moins, sa volonté ne rencontrerait plus de résistance en Europe. Tout ce qu'il a dit à Sainte-Hélène, tout ce qu'on a dit pour lui, des torts vrais ou supposés d'Alexandre, est absolument faux. Celui-ci n'avait pas manqué aux devoirs que lui imposait l'alliance. S'il se relâcha quelquefois de sa rigueur envers les contrebandiers anglais, Napoléon lui-même en avait donné l'exemple en accordant à certains négociants des *licences*, c'est-à-dire une permission spéciale d'introduire en France des marchandises anglaises. La vraie cause de la guerre, c'est la situation de la Russie, couverte sur son flanc droit par le pôle, sur le flanc gauche par la mer Noire, adossée à l'immense Asie, et qu'on ne pouvait attaquer que de face. Une telle nation, qui peut se recruter des hordes tartares et les lancer un jour sur l'Europe civilisée, après leur avoir enseigné la discipline militaire, effrayait l'imagination de Napoléon, plus grande que son génie. De là, et d'un désir immodéré d'être partout le maître, le projet de creuser un fossé qui pût arrêter les migrations asiatiques. La Pologne devait être ce fossé.

Mais la distance est grande du Rhin au Niémen, et l'épaisse Allemagne séparait les deux adversaires. Il fallait percer cette masse profonde de quarante millions d'hommes ou l'avoir avec soi et l'entraîner contre les Russes; grande difficulté, car l'Autriche et la Prusse, tour à tour vaincues et foulées, écrasées sous le pied du vainqueur, pouvaient profiter de l'occasion, prendre les armes et lui couper la retraite pendant qu'il manœuvrerait sur la Dwina, le Dniéper ou même sur la Moskowa, à sept cents lieues de France. Le premier soin de Napoléon fut donc de s'assurer leur alliance.

Dès les premiers mots, le roi de Prusse s'empressa d'offrir son armée, son royaume et lui-même. Ce malheureux prince, médiocre d'esprit, timide, entêté, maladroit comme tous les Hohenzollern (si l'on excepte Frédéric II, le seul politique de génie qu'ait produit l'Allemagne), assez honnête pourtant, quoique avide et menteur dans l'occasion, suivait depuis deux ans avec une inquiétude croissante les préparatifs militaires de la France et de la Russie. De quelque part que vînt la guerre, elle lui était également odieuse, car la Prusse devait en payer les frais et devenir le champ de bataille. S'il n'avait écouté que ses sentiments particuliers et ceux de son peuple, il se serait jeté dans les bras du czar. Leur cause était la même; ils étaient liés d'une ancienne amitié, et ils avaient le même ennemi; de plus, Frédéric-Guillaume III avait reçu de Napoléon, après la bataille d'Iéna, une de ces injures que les simples particuliers eux-mêmes ne pardonnent et n'oublient jamais. Sa femme, la reine Louise, dont toute l'Allemagne admirait la beauté et le noble cœur, avait été plaisantée grossièrement dans le *Moniteur*, car ce n'était pas assez pour Napoleon de vaincre ses ennemis, il aimait à les ridiculiser. Dans les bulletins de la grande armée il la comparait tantôt à la belle Armide, habillée en amazone, portant l'uniforme des dragons et soufflant le feu de la guerre; tantôt à lady Hamilton, la célèbre maîtresse de Nelson, « *mettant la main sur son cœur et regardant le bel empereur de Russie.* » Ces insinuations n'étaient pas d'ailleurs sans fondement, si l'on en croit le témoignage de Joseph de Maistre, alors ministre de Sardaigne à Pétersbourg. « De loin, disait-il, c'est un grand empereur, c'est une reine digne de tous les respects; de près, c'est un jeune homme et une femme aimable. » Et Caulaincourt, avec la grossièreté d'un soldat, disait, à propos d'un voyage fait par le roi et la reine de Prusse à Pétersbourg, et dont on cherchait le but politique : « *Il n'y a point de mystère; la reine vient coucher avec l'empereur* » (1).

Ces insultes violentes, dont notre histoire n'offre peut être pas d'autre exemple,

(1) *Correspondance diplomatique de Joseph de Maistre.*

abrégèrent la vie de cette malheureuse et charmante princesse et portèrent jusqu'à la fureur la haine des Prussiens contre Napoléon. Mais le moment n'était pas encore venu de la laisser éclater, et personne ne pouvait croire que le jour de la vengeance fût si proche. Frédéric-Guillaume, renfermant au fond de son cœur tous ses ressentiments, ne songea donc qu'à se ranger du côté du plus fort, et, comme Napoléon avait toutes les apparences de la force, dès le mois de mai 1811, il sollicita la permission de joindre son armée à celle de Napoléon et de marcher contre les Russes. Qui pourrait douter qu'une telle démarche, si humble et si flatteuse pour l'orgueil du vainqueur d'Iéna, ne dût être accueillie avec empressement? Cependant Napoléon se fit prier longtemps, alléguant que les choses n'étaient pas si avancées, qu'il ne songeait pas à la guerre, qu'il regardait le czar comme son ami le plus intime; mais enfin, le 14 mars 1812, à la veille de se déclarer, tous ses préparatifs étant faits, il daigna ouvrir ses bras au roi de Prusse et lui demander un contingent de vingt mille hommes et cinq places de sûreté: — Clogau, Stettin, Custrin, Spandau et Pillau. Par une précaution qui montre bien la confiance que l'empereur des Français avait dans cet allié, il fut défendu à Frédéric-Guillaume de faire aucune levée de troupes pendant que l'armée française occuperait son territoire ou le territoire russe. En même temps, et par mesure d'économie, il exigeait le payement des contributions arriérées que la Prusse lui devait depuis le traité de 1807, et il faisait enlever pour les besoins de l'armée française en marche soixante-dix-huit mille chevaux, treize mille voitures et vingt-deux mille bœufs. Suivant le calcul des Prussiens, au mois de septembre 1812, la France leur devait pour fournitures de toute espèce quatre-vingt-quatorze millions de francs (1). — En échange de tant de sacrifices, Frédéric-Guillaume reçut la promesse un peu vague qu'il ne serait pas oublié et qu'il recevrait, en cas de succès, une indemnité territoriale.

VI

Alliance avec l'Autriche.

L'alliance de l'Autriche était plus précieuse et plus difficile à obtenir que celle de la Prusse, malgré les liens de parenté qui unissaient Napoléon à l'empereur François II. Le roi de Prusse, cerné au nord par le maréchal Davoust, à l'ouest par les princes de la confédération du Rhin, et à l'est par les Polonais du duché de Varsovie, ne pouvait faire un geste suspect sans s'exposer à une destruction inévitable; mais l'empereur d'Autriche pouvait à son gré jeter le poids de son armée du côté de la France ou de la Russie; et cette armée, malgré la défaite de Wagram, était assez nombreuse et assez brave pour se faire respecter. Napo-

(1) Les réquisitions devinrent si odieuses que beaucoup de paysans prussiens, ruinés et réduits au désespoir, tuaient eux-mêmes leurs troupeaux pour les arracher aux pillards de la grande armée. Rien n'explique mieux l'acharnement de l'Allemagne en 1813.

léon n'oubliait pas qu'en 1809, après la bataille d'Essling, il avait eu beaucoup de peine à passer le Danube, et que l'Allemagne incertaine avait frémi sous sa main. Il voulait donc avoir un corps autrichien avec lui, moins comme auxiliaire que comme otage de la fidélité de son beau-père.

François II ne fit aucune résistance. Depuis le commencement de son règne il avait fait quatre guerres à la France, et il n'avait eu que des désastres. Il avait perdu successivement la Belgique, le Milanais, Venise, le Tyrol, les provinces Illyriennes et une portion de la Gallicie. Après tant de malheurs, il ne crut pas devoir s'obstiner plus longtemps contre le destin, et, suivant humblement l'exemple de tous ceux que Napoléon avait vaincus, il lui demanda son alliance. Bien mieux, il lui donna sa fille Marie-Louise en mariage; « car il vaut mieux, disait le prince de Ligne dans les salons de Vienne, qu'il arrive malheur à une archiduchesse qu'à la monarchie. »

Le maréchal Davoust.

Orage du 29 juin.

L'homme qui dirigeait la politique autrichienne était M. de Metternich, dès ce temps-là très-connu en France, et depuis si célèbre dans toute l'Europe. C'était un grand seigneur, homme d'esprit, simple dans ses manières, plein de ruse, de finesse et de pénétration, plus clairvoyant que prévoyant, qui avait eu de grands succès à Paris et dans la famille impériale, et qui feignait d'être attaché à la France. Au fond, il haïssait et redoutait Napoléon comme toute l'aristocratie anglaise, allemande et russe, mais il n'était pas assez fort pour lui résister, ni assez hardi pour le braver. Sa prudence plaisait fort à François II, qui craignait par-dessus tout de courir de nouveaux hasards, et qui croyait la victoire attachée pour toujours aux drapeaux de son terrible gendre. Le pauvre empereur, homme d'esprit étroit et de caractère timide, n'osait rien refuser à Napoléon. Jusque dans ses États, la police française poursuivait ses victimes les plus illustres : témoin le roi de Hollande, qui fut menacé, en Bohême, d'être saisi par la gendarmerie française, et madame de Staël, qu'on fit arrêter par un commissaire de police autrichien, et qui eut grand'peine à obtenir qu'on la laissât partir pour Londres. Encore dut-elle prendre d'abord le chemin de la Russie et de la Suède, car elle risquait d'être enlevée sur les grands chemins d'Allemagne.

La crainte seule était donc un motif suffisant d'alliance; mais Napoléon n'avait pas dédaigné d'y joindre les promesses. M. de Metternich n'était pas réduit à la triste destinée de son confrère de Prusse, le comte de Hardenberg, qui se justifiait de son traité avec la France en disant : *Il fallait en passer par là, ou par la fenêtre.* Il fit donc ses conditions, et obtint la promesse qu'on lui donnerait les provinces Illyriennes, et peut-être (en cas de reconstitution de l'ancienne Pologne) une partie de l'empire ottoman ; car, dans la pensée de Napoléon, il n'est pas douteux que les Turcs devaient payer les frais de la guerre. A ce prix, Metternich promit un corps de trente mille hommes, que le brave archiduc Charles, qui avait tenu en échec Napoléon pendant deux mois sous les murs de Vienne, devait commander; mais l'archiduc refusa de servir sous les ordres de son ancien adversaire, et les Autrichiens furent commandés par le prince de Schwarzenberg, qui avait, trois ans plus tôt, négocié le mariage de Marie-Louise.

VII

Défection des Turcs et des Suédois.

Ces deux traités étant conclus, Napoléon, qui voyait sa ligne de retraite assurée au nord et au sud de l'Allemagne, essaya d'armer contre la Russie les Suédois et les Turcs, qui pouvaient faire une diversion puissante sur ses flancs. Par malheur, la Suède et la Turquie n'avaient pas oublié sa conduite à Tilsitt. Pour obtenir l'alliance du czar, il lui avait permis de conquérir, sur l'une, la Finlande, et sur l'autre, les principautés Danubiennes. Les Suédois vaincus eurent recours à Napoléon, et le prièrent de leur faire obtenir des conditions raisonnables ; mais il leur répondit durement de s'en remettre « à la générosité d'Alexandre, » et son ancien général, Bernadotte, devenu par élection prince royal de Suède, ne contribua pas peu à brouiller sa nouvelle patrie avec l'ancienne.

Ce Gascon rusé, ancien soldat de l'armée du Rhin, qui se vantait d'avoir eu la meilleure part aux victoires de la France, n'eut rien de plus pressé que de se faire adopter par la grande famille des rois. On l'accuse d'avoir trahi son bienfaiteur. On a tort : Bernadotte ne devait pas sa fortune à Napoléon.

Les Suédois l'avaient élu comme prince français, allié à la famille Bonaparte, et croyaient s'être assuré, après une guerre malheureuse contre les Russes, l'appui du maître de l'Europe ; mais personne ne l'avait désigné à leurs suffrages, et, dès qu'il eut mis le pied en Suède, il se jeta, comme on devait le prévoir, dans le parti des Russes et des Anglais. Il fallait abdiquer ou suivre le courant et tourner le dos à la France.

Napoléon ne souffrait plus aucune résistance. Son génie, si clairvoyant au début de sa carrière, ne distinguait plus les limites de la réalité. « Le mot *impossible* n'est pas français, » disait-il. Il ne tenait plus compte des désirs ou des répugnances populaires ; il rêvait de refouler les Turcs et les Russes en Asie ; il envoyait des agents dans les déserts de Syrie et de Mésopotamie pour s'assurer l'appui des Arabes dans une expédition contre l'Inde ; ses officiers d'état-major parcouraient la Turquie d'Europe, dressant des cartes, examinant la profondeur des fleuves, la largeur des vallées, l'état des routes, les défilés des montagnes. Sans aucun doute, il n'avait pas encore de projet arrêté, mais il demandait des renseignements : symptôme menaçant pour les Turcs.

Ce qui lui tenait le plus à cœur, c'était d'interrompre le commerce des Anglais avec la Suède, mais toute la nation était intéressée à la contrebande ; et d'ailleurs, comment garder avec quelques légers navires une si grande quantité de côtes ? Après plusieurs remontrances, Napoléon, irrité, envahit la Poméranie suédoise, dernier reste des conquêtes de Gustave-Adolphe en Allemagne, et, suivant son usage, la remplit de douaniers. Puis, il offrit de la restituer si les Suédois mettaient fin à la contrebande et lui envoyaient deux mille matelots, qu'il voulait répartir sur la flotte de Cherbourg et employer à la guerre maritime. De plus, en cas d'alliance contre la Russie, il offrait de faire restituer la Finlande. Car c'était un va-et-vient continuel de provinces et de royaumes qu'il conquérait, achetait, troquait, brocantait, redemandait continuellement ; il n'y avait presque pas d'Etat en Allemagne, en Pologne ou en Italie qui n'eût passé depuis dix ans par cinq ou six mains différentes. Tel fonctionnaire hanovrien ou toscan, par exemple, avait déjà prêté une demi-douzaine de serments et s'attendait à en prêter encore beaucoup d'autres. Tel chambellan avait à peine le temps de faire connaissance avec ses maîtres et ne savait s'il ferait dans six mois la révérence à un Hapsbourg, à un Hohenzollern ou à un Bonaparte. Malheureusement, chacun de ces nouveaux maîtres faisait payer sa bienvenue en doublant l'impôt, en établissant la conscription, en mettant garnison française dans ses États. De là une misère affreuse et une haine effroyable, suite de la misère.

Bernadotte, qui voyait clairement la fragilité d'un système appuyé sur l'oppression et la ruine de la moitié de l'Europe, n'eut garde de s'associer aux projets de Napoléon, et en cela il ne trahit pas la France (d'ailleurs, aurait-il pu se fier à une politique qui changeait tous les ans d'alliés et d'adversaires?); mais il fit alliance avec le czar et promit de faire une descente en Allemagne sur les derrières de Napoléon et de menacer sa ligne de communication; en échange, Alexandre promit de l'aider à conquérir la Norwége sur les Danois.

Ce traité, dont on fit grand bruit à Pétersbourg et à Londres, n'était qu'une vaine menace. Bernadotte, malgré ses fanfaronnades, n'était pas pressé de s'engager dans la mêlée. Il laissa croire qu'il allait, suivant le mot de Joseph de Maistre, « *faire une trouée de sergent* » et enseigner l'art de battre l'armée française; mais, plus fin et plus prudent qu'il ne voulait l'avouer, il demeura immobile à Stockholm, attendant les événements. Pendant toute l'année 1812, il ne tira pas un coup de fusil, et ne sortit enfin de l'inaction qu'en 1813, après que l'Autriche et la Prusse se furent déclarées contre Napoléon. Il était, avec toute l'Europe, à la grande bataille de Leipzig, — celle qu'on appela la bataille des nations, — mais il se serait bien gardé d'affronter la griffe puissante du lion, tant que celui-ci n'avait pas encore reçu de blessure mortelle.

Au reste, en 1812, sa neutralité suffisait au czar, qui avait de plus graves sujets d'inquiétude au sud de l'empire. La guerre qu'il avait entreprise contre les Turcs en 1808, et qui devait le mener sur la route de Constantinople, n'était pas encore terminée. Les meilleurs élèves de Suwarow l'*Invincible*, Kamenski, l'intrépide Bagration, Kutusoff, avaient occupé mais non pas conquis les provinces Danubiennes. Le soldat turc, mal commandé, mais patient, sobre, dur à la fatigue, ne se laissait décourager par aucune défaite. Cependant il fallait en finir. Le danger devenait pressant. L'armée turque pouvait débarquer en Crimée et prendre les Russes à revers. Déjà le général Andréossy arrivait à Constantinople avec une suite nombreuse d'officiers, chargés d'enseigner aux Turcs la tactique européenne. Alexandre avait donné ordre à son lieutenant Kutusoff de faire la paix à tout prix; mais Kutusoff ne se hâtait pas.

C'était un vieux soldat, qui avait fait toutes les campagnes de Turquie, d'Autriche et de Pologne. Il avait alors soixante-sept ans, et il était si gros qu'il ne pouvait ni marcher ni monter à cheval; de plus, il était borgne, ayant eu dans sa jeunesse l'œil droit percé d'une balle; enfin, il avait perdu la bataille d'Austerlitz et n'avait jamais vaincu que les Turcs; cependant, grâce à sa finesse extraordinaire et à son art de flatter à la fois le prince et l'opinion publique, il avait conquis en Russie une grande réputation militaire. Un seul trait le fera connaître tout entier. Dans la nuit qui précéda la bataille d'Austerlitz, on tint un conseil de guerre, dont faisaient partie les empereurs d'Autriche et de Russie et les généraux autrichiens et russes. Là, un Allemand, Weirother, professeur de tactique militaire (c'est une science qui a toujours fleuri en Allemagne), lut à

Passage de l'armée devant Polotsk. — 24 juillet.

haute voix le plan de la bataille prochaine en présence de Kutusoff, qui feignait de dormir. Parmi tous les assistants, un seul, Langeron, émigré français au service du czar, essaya de faire quelques objections que Weirother accueillit d'un airp édant et rogue. Puis on se sépara, sans que Kutusoff eût soufflé mot. Quel-

Bords de la Dwina, à Beszinkowiczi.

ques instants plus tard, il aborda le prince Tolstoï, grand maréchal du palais, et lui dit : « Si nous livrons la bataille, nous la perdrons; avertissez-en le czar. — Je ne me mêle, répliqua Tolstoï, que du vin et des poulardes ; parlez-lui vous-même. » Kutusoff s'en alla sans rien dire, aimant mieux perdre la bataille que contredire son maître, tant il était bon courtisan !

Voilà l'homme qui devait, quelques mois plus tard, vaincre Napoléon. En attendant, au lieu de conclure rapidement et à tout prix la paix avec les Turcs, il passait les jours et les nuits avec une femme valaque, sa maîtresse, qui recevait, dit-on, une pension du grand visir. A la fin, le czar, indigné et alarmé de ce dangereux retard, prit le parti de donner un successeur à Kutusoff, — l'amiral Tchitchagoff; mais Kutusoff, averti par ses amis de Pétersbourg du coup qui le menaçait, se hâta de traiter avec les Turcs. Le grand visir, averti que Napoléon allait entrer en campagne et qu'il lui offrait la Crimée pour prix d'une diversion, ne se laissa pas séduire par cette brillante promesse ; il se souvint que la Turquie avait été sacrifiée à Erfurt, et il céda la Bessarabie au czar (1). De ce côté donc, Napoléon ne devait rien espérer.

VIII

Les généraux de la grande armée.

Malgré la défection des Turcs et des Suédois, qu'il aurait pu prévenir en agissant avec plus de prudence et de bonne foi, Napoléon était prêt à commencer la guerre. Depuis deux ans, sous divers prétextes, il avait renforcé ses garnisons d'Allemagne et rapproché son armée de la frontière russe. Son beau-frère, Murat, le plus brillant cavalier de toute l'Europe, sans égal pour enfoncer des carrés d'infanterie ou poursuivre et saisir, après la victoire, un ennemi en déroute, était invité à prendre le commandement de la cavalerie de la grande armée. Cette invitation était un ordre impérieux, car Napoléon, se défiant de l'ambition et de la légèreté de son beau-frère, voulait le garder sous sa main pendant une expédition dont on ne pouvait pas calculer les dangers et la durée. Murat obéit de mauvaise grâce : son royaume de Naples lui plaisait et il était déjà populaire, ayant eu le bonheur de succéder à Joseph Bonaparte, indolent et borné, et à Ferdinand Ier, tyran bouffon, qui avait en lui du Tibère et de l'arlequin. Murat, tout vaniteux et empanaché qu'il était (son camarade Lannes l'avait surnommé *Coquerico*), plut facilement aux Napolitains; il était beau, brave, généreux et d'humeur facile; il aimait les revues, la parade, les fêtes, les beaux vêtements, et, dans l'intérêt même de sa dynastie, il essaya de composer une armée et de lui donner des habitudes guerrières. Ce n'était pas chose facile.

On sait le mot de Ferdinand Ier. Un jour, son fils discutait devant lui s'il fal-

(1) On crut qu'il avait été acheté par les Anglais, et le sultan Mahmoud lui fit couper la tête, ainsi qu'aux deux frères Mourouzi, Phanariotes, négociateurs du traité.

lait donner à sa cavalerie la double cuirasse : « Va, va, dit-il en riant, c'est bien assez d'en mettre une sur le dos. La poitrine n'en a pas besoin : ils ne s'exposeront jamais à être frappés par devant. » Cette plaisanterie cynique montre bien dans quel état Murat avait dû trouver l'armée napolitaine ; mais il ne se découragea point, et, à force de l'exercer, de la discipliner et de donner l'exemple, il en avait fait un corps assez solide et capable de marcher au feu à côté de l'armée française.

Donc, malgré lui, Murat prit le chemin de la Pologne avec deux divisions napolitaines, n'osant se refuser à une guerre qui lui déplaisait, ne voulant rompre ni avec Napoléon ni avec le czar, mais toujours sensible à l'orgueil de commander la plus belle cavalerie de l'Europe.

En même temps que lui s'ébranlait Eugène Beauharnais, vice-roi d'Italie, fils adoptif de Napoléon et confident de tous ses projets. Ce prince, qui avait eu l'espoir de succéder à l'empire, avant le divorce de Napoléon et la naissance du roi de Rome, devait prendre le commandement des quatrième et sixième corps de la grande armée, composés de régiments français, croates, dalmates, bavarois, illyriens et même espagnols. Depuis longtemps déjà il était investi de grands commandements, et, à beaucoup d'égards, il en était digne. Par le courage, il était l'égal des plus vieux généraux de l'armée, et personne, dans une fortune si haute et si soudaine, n'aurait pu montrer plus de douceur, de droiture, de modestie et de générosité ; aussi était-il admirablement choisi pour faire supporter aux Italiens la domination française ; il aurait vécu avec honneur dans des temps paisibles; mais ce fut une grande faute de l'Empereur de confier à ce prince la conduite d'une armée. Une charge si lourde ne pouvait convenir qu'à Masséna, vieux soldat de la république, éprouvé par dix victoires, inébranlable dans les revers, et dont le nom seul imposait à l'ennemi; malheureusement Masséna était en disgrâce. On le disait vieilli parce qu'il n'avait pas su, l'année précédente, en Portugal, avec cinquante mille hommes, sans vivres, sans communications avec la France et presque sans munitions, jeter à la mer cent mille Anglais et Portugais commandés par Wellington et retranchés derrière les redoutes de Torres-Vedras.

D'ailleurs, le temps des princes était venu. Napoléon, soit aveuglement volontaire, soit orgueil de famille, ne voulait plus donner d'autres chefs à ses armées, comme si le génie militaire avait été l'apanage de tous les Bonaparte aussi bien que du chef de la dynastie. Eugène Beauharnais, aimable, docile et *chevaleresque* (comme on disait, car les romances et le ton des anciens troubadours étaient alors à la mode), avait toute la grâce de sa mère Joséphine et de sa sœur Hortense, et son attachement à l'empereur lui tenait lieu de renommée militaire. Les courtisans lui faisaient honneur de la bataille de Raab, victoire de médiocre importance et due au courage des soldats plus qu'à l'habileté de leur chef. Enfin, Napoléon, qui l'aimait comme un père, et qui peut-être lui destinait un trône en Pologne, aurait cru le tenir en disgrâce s'il l'avait laissé à Milan.

Mais le prince Eugène était un vétéran expérimenté, en comparaison du roi de Westphalie, Jérôme, qui devait commander les cinquième, septième et huitième corps de la grande armée. Celui-ci, le plus jeune des frères de l'empereur, était presque né sur les marches du trône. Encore enfant à l'époque du 18 brumaire, il avait été fait tout d'abord enseigne, puis lieutenant de vaisseau, et, de grade en grade, après quelques croisières, il était devenu contre-amiral. Dans l'intervalle, il avait épousé, sans le consentement de son frère, une belle Américaine de Philadelphie, miss Patterson. Napoléon, qui ne voulait voir autour de lui que des femmes de sang royal, cassa le mariage, renvoya miss Patterson en Angleterre, et, pour consoler Jérôme, lui donna le royaume de Westphalie et la fille du roi de Wurtemberg, son allié. C'est à ce contre-amiral, qui avait fait, sous la direction de Vandamme, le siége de deux ou trois villes de Silésie, en 1807, que l'Empereur réservait la direction de l'aile gauche de la grande armée. Il ne tarda pas à s'en repentir, comme on le verra bientôt; et, cependant, il ne devait s'en prendre qu'à lui-même, car Jérôme ne manquait ni de zèle ni de courage; mais il était jeune, il aimait les fêtes; il était roi, il voulait mener en campagne la vie facile et joyeuse de Cassel, sa capitale; il regrettait ses compagnons de plaisir et son ami Pigault-Lebrun; au lieu d'expédier des ordres et de presser la marche de son corps d'armée, il allait au bal et faisait la cour aux Polonaises; et comme l'a dit Paul-Louis Courrier : « A l'armée, une cour, c'est ce qui a perdu Bonaparte, tout Bonaparte qu'il était. »

En revanche, le premier corps, qui était l'élite de la grande armée, avait pour chef le maréchal Davoust, prince d'Eckmühl, l'un des plus redoutables lieutenants de Napoléon.

Il était sans égal dans l'art d'exercer, de discipliner et de conduire une armée. Son exactitude et sa sévérité faisaient trembler tout le monde. Elevé à l'école de l'armée du Rhin, il avait contracté des habitudes d'ordre qui contrastaient avec le laisser-aller des brillants généraux de l'armée d'Italie. Il était froid, timide, impérieux, dur et taciturne, ne cherchait à plaire à personne, pas même à Napoléon, et se faisait craindre, obéir, haïr et respecter de tous ses subordonnés. Sa probité était sans tache, et dans un temps où beaucoup de ses camarades pillaient cruellement les vaincus, il garda les mains pures. Dès son entrée à Berlin en 1806, le conseil municipal, craignant peut-être quelque désordre militaire, lui offrit un million; Davoust le refusa et n'en maintint pas moins sévèrement la discipline. Il faisait fusiller les pillards sans rémission. Magnifiquement récompensé d'ailleurs par Napoléon comme tous les autres maréchaux, il avait le train d'un vice-roi et des courtisans tout aussi assidus dans son antichambre que dans celle des Tuileries. Les Allemands, qu'il traitait avec la même rigueur que ses propres soldats, avaient son nom en horreur, et, en effet, il n'adoucissait pas dans l'exécution les ordres tyranniques de l'Empereur, mais il ne les a jamais aggravés.

Lui seul, peut-être, avait la confiance absolue de Napoléon, et ses rapports

Passage du Dniéper. — 14 août.

contribuèrent, dit-on, à décider ou à précipiter la guerre. De Hambourg, où était son quartier général, il surveillait la mer du Nord et la mer Baltique, guettait la marine anglaise, mettait la main sur les contrebandiers de toutes les nations, tenait l'Allemagne en respect, protégeait la Pologne et rêvait peut-être une royauté comme son ancien camarade Bernadotte. Il avait sa police comme un roi, et, dans toute l'étendue de son commandement, rien ne se faisait que par ses ordres.

C'est à lui que Napoléon avait confié le soin de préparer les approvisionnements et les transports nécessaires à la grande armée. Vivres, attelages, chevaux de cavalerie, chevaux de trait, armes, munitions, tout devait passer sous ses yeux : lourde responsabilité, car il fallait pourvoir aux besoins de six cent mille hommes, c'est-à-dire de l'armée la plus nombreuse qu'on eût encore vue en Europe. Davoust ne s'en effraya point. Habitué sur le champ de bataille et dans le silence du cabinet à n'attendre les ordres de personne pour agir, il faisait manœuvrer les troupes, dirigeait les conscrits réfractaires, la baïonnette aux reins, à travers la Hollande, le Hanovre, et la Prusse, les habillait, empêchait leur évasion, toujours favorisée des Allemands, et les préparait par une dure discipline aux épreuves de la grande guerre. Murat et lui étaient les deux mains puissantes avec lesquelles Napoléon comptait saisir et broyer l'armée russe.

Après eux, et presque au même rang, venait le maréchal Ney, commandant du deuxième corps, le plus intrépide et l'un des plus indociles lieutenants de Napoléon. Ce soldat incomparable, que sa mort tragique a rendu populaire autant que sa vie, avait reçu et mérita surtout dans cette campagne le surnom de *Brave des Braves*. Bien différent de Murat, dont le brillant courage n'était pas à l'épreuve des revers ou de l'intempérie des saisons, le *Rougeot* (c'est le nom familier que les soldats donnaient à Ney), paraissait indifférent à la fatigue et au froid comme aux balles. Son teint rouge, ses yeux bleus, son nez relevé comme celui des Gaulois nos ancêtres, sa voix retentissante qui dominait le bruit du canon, son ardeur à se jeter dans la mêlée, qui était souvent d'un grenadier plus que d'un maréchal de France, l'avaient rendu populaire dans toute l'armée.

Mais son indocilité était égale à son courage. Excepté Napoléon, il ne voulait obéir à personne. Dans la campagne de Portugal, il souffrit impatiemment d'être mis sous les ordres de Masséna, bien supérieur à lui par le génie militaire et par l'ancienneté, et quoiqu'il eût fait des prodiges de valeur pendant la retraite et qu'à la tête de l'arrière-garde il eût repoussé toutes les attaques de l'armée anglaise, il s'en fallut de peu qu'un duel ne terminât la querelle des deux maréchaux. « S'il me pousse à bout, disait Masséna, je lui ferai voir que le sabre du vétéran de Gênes a toujours le fil ! »

Napoléon mécontent rappela Ney, voulant l'avoir sous la main dans la campagne de Russie, car devant le maître toute rébellion était impossible. Les revers n'avaient pas encore détruit son prestige comme il arriva l'année suivante. Du reste, il fit venir d'Espagne, en même temps que Ney, un grand nombre d'excellents officiers, l'élite de la grande armée. Parmi les plus connus, on distinguait le célèbre Montbrun, qui rivalisait avec Lasalle et Murat dans l'art d'enfoncer un carré ou d'enlever une redoute avec la cavalerie; le général d'artillerie Eblé, vieux républicain, mal vu de l'Empereur, mais respecté de toute l'armée, et qui devait en sauver les restes à la Bérésina; Junot, duc d'Abrantès, brave soldat, général médiocre, ami particulier de Napoléon, dont l'intelligence se ressentait déjà d'une blessure grave qu'il avait reçue au visage en examinant les lignes anglaises de Torres-Vedras, et qui finit par le rendre fou furieux.

Voilà quels étaient les principaux instruments de cette grande entreprise par laquelle Napoléon comptait terminer sa carrière et imposer la paix et sa domination à toute l'Europe. Ceux-là devaient agir sous ses yeux au centre de l'immense champ de bataille qui s'étendait le long de la frontière russe. Mais la droite et la gauche avaient d'autres chefs, Gouvion Saint-Cyr, Oudinot, Macdonald et le Prussien York; Reynier et l'Autrichien Schwarzenberg.

Parmi les généraux de cette époque guerrière, Gouvion Saint-Cyr a droit au premier rang. C'était un professeur de dessin, très-instruit, très-froid, très-fin, très-sérieux, très-méthodique, d'un sang-froid imperturbable, qui se fit soldat en 1792, à l'âge de vingt-huit ans, pour défendre la liberté. La guerre est le métier naturel de tous les Lorrains. Après trois ans de service, celui-là était général de division, et déjà célèbre. Mais il n'oublia pas qu'il avait pris les armes pour être libre, et plus d'une fois ses chefs se plaignirent d'être mal obéis. Il avait l'âme républicaine, et quoiqu'on l'ait vu, vers la fin de sa carrière, ministre de Louis XVIII, il ne trahit jamais la cause qu'il avait servie dans sa jeunesse. Napoléon, qui le connaissait bien, qui l'estimait beaucoup et ne l'aimait pas, le tint longtemps à l'écart, et l'envoya d'abord dans le royaume de Naples, et plus tard en Catalogne pour soumettre les bandes insurgées. Mais, quels que fussent les services de Gouvion Saint-Cyr, il reçut rarement les éloges d'un maître à qui l'on ne pouvait plaire qu'à force de dévouement. Pas une goutte de cette pluie de millions qui tombait sur les généraux favoris de l'Empereur ne mouilla la tête du vieux soldat de l'armée du Rhin. Duroc, grand maréchal du palais, était fait duc de Frioul; Junot, duc d'Abrantès; Mortier, duc de Trévise; Savary, duc de Rovigo; Marmont, duc de Raguse; tous étaient comblés des dépouilles de l'ennemi, même ceux qui avaient eu le moins de part à la victoire; le seul, Gouvion Saint-Cyr, fut excepté de la loi commune. Il ne fut maréchal qu'en 1812 après Polotsk, et, contre l'usage du temps, on ne lui donna ni dotation ni duché.

Mais les rangs s'éclaircirent bientôt. Les boulets et la mitraille faisaient dans les plus hauts grades de l'armée des vides qu'il fallut remplir. Lannes fut tué à Essling; Masséna fut rappelé de l'armée d'Espagne; la plupart des maréchaux étaient fatigués de la guerre; Napoléon fut obligé de recourir à ceux qu'il avait négligés d'abord. En 1809, Macdonald, ancien ami de Moreau, fut fait maréchal et duc de Tarente après Wagram; en 1812, Gouvion Saint-Cyr fut chargé de couvrir l'aile gauche de la grande armée pendant qu'elle marcherait sur Moscou.

Son compatriote Oudinot, ayant eu la sagesse de se dévouer à tous les gouvernements, avait reçu de bonne heure la récompense de son courage. Après la bataille de Wagram, Napoléon le fit duc de Reggio. Si les blessures sont un titre à l'avancement, nul n'avait plus de droit à commander l'armée. « Sa peau, dit un contemporain, était percée de plus de trous qu'une écumoire. » Aussi malheureux au feu qu'intrépide, il devait recevoir sa trente-huitième blessure au passage de la Bérésina; encore n'était-ce pas la dernière, et cependant il est mort dans son lit, en 1847, après avoir survécu à presque tous les autres maréchaux, ses compagnons d'armes.

Au delà de Gouvion Saint-Cyr et d'Oudinot, à l'extrémité de l'aile gauche, était le ferme et froid Macdonald, chargé de conduire le sixième corps et de surveiller les Prussiens auxiliaires que commandait le général York.

La droite de l'armée était confiée au général Reynier, Suisse d'origine, tacticien savant, homme instruit, général malheureux, qui s'était fait une réputation militaire quoiqu'il eût été toujours vaincu. A ce stratégiste consommé, il ne manquait pour vaincre que l'inspiration, la présence d'esprit, le coup d'œil, — cette qualité admirable que l'expérience même ne donne pas, et qui a fait toute la gloire de Gaston de Foix, de Gustave-Adolphe et du grand Condé. Récemment encore, dans la campagne de Portugal, il avait fort mal secondé Masséna, et s'était montré presque aussi indiscipliné que le maréchal Ney, sans avoir les mêmes droits à l'indulgence de Napoléon. Mais déjà l'Empereur n'en était plus à choisir ses lieutenants : les plus illustres étaient morts ou disgraciés. Il prit donc Reynier à l'armée d'Espagne, persuadé que son propre génie suppléerait à la médiocrité de celui-ci, et lui confia la double tâche de contenir les Russes au sud, vers la frontière de Pologne, et de marcher d'accord avec le prince de Schwarzenberg, qui commandait le corps auxiliaire des Autrichiens.

Par son bon sens, son sang-froid, et même par son origine étrangère, Reynier était, en effet, très-capable de vivre en bonne harmonie avec Schwartzenberg; mais c'est le seul service que Napoléon dut attendre de lui, car l'Autrichien, d'accord avec M. de Metternich, et avec ses sentiments personnels, se promettait bien de ne pas faire grand mal aux Russes. Au reste, Napoléon l'avait prévu; sans le dire, il se contentait d'une neutralité qui lui permettait de pousser droit sur Moscou, et de finir la campagne, suivant son habitude, par un coup de tonnerre. Il savait bien que Schwarzenberg serait le premier à le féliciter après la victoire, et s'offrirait pour donner le coup de grâce aux vaincus.

IX

Entrevue de Dresde.

Cependant la saison s'avançait, et les deux empereurs continuaient de négocier. Aucun signe n'annonçait la guerre. Les journaux de part et d'autre étaient muets. Le *Moniteur*, où Napoléon s'était épanché si souvent en présence de l'Europe épouvantée, gardait le plus profond silence. Le prince Kourakin, ambassadeur du czar, était reçu aux Tuileries comme à l'ordinaire, et, sans se lasser, échangeait des dépêches avec Maret, duc de Bassano, ministre des affaires étran-

Carré de Neveresky, près de Krasnoë. — 14 août.

gères. Le lourd Kourakin protestait de son désir de conserver la paix ; désir très-sincère, car il aimait Paris, où sa grande fortune et ses diamants l'avaient rendu presque célèbre, et le czar son maître craignait de perdre dans une guerre les conquêtes de son aïeule Catherine II et peut-être (suivant l'humeur de ses sujets) la vie.

Le duc de Bassano, médiocre d'esprit, léger de caractère, mais bon courtisan, laborieux et dévoué à Napoléon, se serait cru traître envers celui-ci s'il avait osé le contredire. Il était l'écho de l'Empereur; — rien de plus. Il avait été dans sa jeunesse avocat au parlement; et il avait conservé de son ancien état le goût de l'emphase et des longs discours. Sous la République, le hasard le fit nommer ambassadeur à Naples; un autre hasard lui permit de rendre des services personnels au général Bonaparte. Ce fut l'origine de sa fortune. Ce comparse devint un premier rôle, quand tous les acteurs illustres de la Révolution eurent quitté la scène. Napoléon, maître de tout, et ne supportant plus la contradiction, fit de Maret son premier ministre. Cet avocat bavard qui faisait de petits vers et passait la plus grande partie du jour à donner audience aux dames, devint un favori, le Chamillart de l'Empire. Napoléon était heureux de ne plus trouver sur les lèvres de son ministre le sourire railleur et impertinent de son ancien ami Talleyrand; il jouissait du plaisir si rare d'être non-seulement obéi, mais admiré comme un demi-dieu; et Maret, fier de représenter un tel maître, irritait par sa propre insolence ces ministres et ces ambassadeurs étrangers qui avaient déjà tant de motifs de haine contre le gouvernement français.

Cette insolence n'eut plus de bornes aussitôt que Napoléon eut terminé ses préparatifs de guerre. Maret, qui jusque-là paraissait écouter Kourakin avec politesse, ferma brusquement sa porte et ne daigna plus répondre, si ce n'est par écrit et pour signifier les ordres de l'Empereur. On eût dit que le czar était un vassal révolté. On le menaçait de la guerre s'il ne chassait à tout prix de ses ports les Anglais et les neutres qui faisaient le commerce par mer. On gardait le duché d'Oldenbourg, patrimoine de l'oncle et du beau-frère d'Alexandre, réuni en pleine paix à l'empire français ; mais on offrait une indemnité, on s'engageait enfin à ne point favoriser le rétablissement de la Pologne.

Kourakin était disposé à céder sur tous les points, mais il voulait qu'on promît d'évacuer les places fortes de la Prusse et la Poméranie suédoise et qu'on ramenât l'armée française vers le Rhin. Pendant qu'il alignait sur le papier ses arguments diplomatiques, il apprit tout à coup que le duc de Bassano, son interlocuteur, venait de partir avec Napoléon pour Dresde, et lui envoyait ses passe-ports. Dès lors, la guerre était inévitable.

Cependant, on la craignait de part et d'autre. Le malheureux roi de Prusse, certain que son royaume déjà dévasté servirait de champ de bataille aux deux partis, redoublait d'efforts et faisait appel à l'amitié personnelle du czar. Son envoyé, M. de Knesebeck, moitié soldat, moitié diplomate, eut ordre d'offrir ses bons offices à la Russie, mais Alexandre se contenta de dire qu'il n'attaquerait pas, *qu'il attendrait le coup de canon tiré sur ses frontières*, et qu'il se retirerait dans ses déserts plutôt que de céder. Puis, comme il apprit que Napoléon allait à Dresde, et que l'armée française n'était plus qu'à quelques marches du Niémen, il partit lui-même pour Wilna, capitale de la Lithuanie, n'emmenant avec lui que la garde, les généraux et l'état-major. Tout le corps diplomatique fut forcé de rester à Pétersbourg, au grand déplaisir de Lauriston, ambassadeur de France qui avait ordre de suivre le czar, et qui reçut ses passe-ports de Romanzoff en même temps que Kourakin les recevait de Maret.

Quoique la corde fût tendue jusqu'à l'excès, et qu'on s'attendît à la voir casser, un espoir restait encore aux amis de la paix. Napoléon, soit qu'il fût réellement inquiet de l'issue d'une guerre si dangereuse, soit qu'il ne voulût, comme on l'a pensé, que tromper les Russes et empêcher qu'ils ne se jetassent sur la Pologne et la Prusse pour les dévaster avant son arrivée, envoya un dernier ambassadeur au czar. C'était le comte de Narbonne, émigré rallié, homme d'esprit, de sang royal, disait-on (le bruit courait qu'il était né de Louis XV et d'une de ses filles), séduisant, habitué à traiter avec les anciennes cours, et capable de remplir une mission militaire aussi bien qu'un poste diplomatique. En apparence il était chargé de communiquer au gouvernement russe certaines ouvertures de paix qu'on venait de faire aux Anglais; en réalité il devait observer l'armée russe et en rendre compte à son chef. Alexandre reçut l'envoyé, quoiqu'il eût refusé de voir Lauriston, protesta de son amour de la paix, et de sa ferme résolution de ne se laisser abattre par aucun revers, dût Napoléon être maître de Moscou. — « En effet, répondit Narbonne avec une spirituelle ironie, Votre Majesté n'en serait pas moins le plus puissant souverain de l'Asie. »

Il quitta Wilna le jour même et rejoignit Napoléon à Dresde.

C'est dans cette ville que l'ancien sous-lieutenant d'artillerie tenait sa cour et recevait les rois ses vassaux. Toute l'Europe était là, sauf l'Angleterre, la Suède et la Russie, et semblait attendre de lui sa fortune. Au premier rang, on distinguait l'empereur d'Autriche, François II, beau-père de Napoléon, qui venait saluer son redoutable gendre, et embrasser Marie-Louise. Ce Hapsbourg, descendant de quinze césars, paraissait heureux comme un bon père qui a bien marié sa fille. Sa mine doucereuse, rusée, froide, plate et dure, annonçait l'usurier de village, dévot, hypocrite et avare. Il paraissait fier d'avoir le pas en public sur tous les autres rois, et sur Napoléon lui-même qui lui en laissait quelquefois les honneurs soit à cause de l'alliance de famille, soit par dédain des vaines cérémonies. L'impératrice d'Autriche, belle-mère de Marie-Louise (qui était née d'un premier lit) ne prenait pas la peine de dissimuler ses vrais sentiments. Plus fière et plus sotte à la fois que son mari, elle accueillait assez mal les politesses de Napoléon, mais elle recevait ses présents avec l'avidité d'une femme de chambre. Celui-ci, sans s'étonner, redoublait d'empressement et faisait, suivant sa propre expression, « *le petit Narbonne* » auprès d'elle, soit que la politique y trouvât son compte, soit qu'il fût réellement flatté dans son orgueil de parvenu d'être allié à la plus ancienne famille de l'Europe.

Après l'empereur d'Autriche venait le triste roi de Prusse, Frédéric-Guillaume III, qui avait obtenu à grand'peine la permission de se montrer à Dresde. Son entrevue avec Napoléon ne pouvait être que pénible. Son pays était dévasté par le passage des troupes; sa femme, qu'il adorait, était morte de chagrin, son royaume était réduit de moitié, on lui prenait de force son armée pour l'employer contre son ancien allié, et, pour comble de disgrâce, il venait solliciter humblement la faveur de placer son fils aîné, le prince royal, dans l'état-major de Napoléon. Pour prix de tant de sacrifices et d'humiliations, il ne demandait que le payement des fournitures de guerre imposées à son peuple, et il ne l'obtint même pas.

Narbonne fut chargé de lui donner, comme il le disait en riant, quelques narcotiques; Frédéric-Guillaume repartit, le désespoir dans l'âme. Il expiait bien durement la défaite d'Iéna.

Les rois de Wurtemberg, de Bavière, de Westphalie, comme des planètes d'un ordre inférieur, gravitaient autour du resplendissant soleil de Napoléon et se morfondaient dans l'antichambre, heurtés, poussés, meurtris, et quelquefois à dessein, par les généraux, les écuyers, les conseillers d'État et même les simples pages de l'Empereur. « Sire, *je me suis trouvé dans un embarras de rois*, » disait un courtisan à Napoléon pour s'excuser de s'être fait attendre.

Jamais l'Empereur ne fut plus près de sa chute, et jamais il ne parut plus puissant. Les cris des peuples foulés aux pieds étaient étouffés par le bruit des applaudissements. Pendant que les rois, les généraux et les diplomates faisaient cortége à Napoléon, l'Allemagne entière, du Rhin à l'Oder, frémissait de rage et n'attendait (c'est le témoignage de Jérôme, roi de Westphalie, lettre du 5 décembre 1811) qu'un signal pour s'insurger contre les Français; et en France même, le poids des impôts et de la conscription était devenu intolérable; on se demandait quelle serait la fin de toutes ces entreprises. On lisait avec stupeur le rapport de M. de Lacépède au Sénat (13 mars 1812), qui proposait d'organiser la garde nationale en trois bans de cent mille hommes chacun, et qui appelait aux armes le premier ban; invention nouvelle de Napoléon, à qui les hommes commençaient à manquer.

Lacépède, chargé de rédiger ce rapport, était de cette race d'hommes médiocres et serviles, prêts à tout, pourvu qu'on les paye, instruments commodes d'un maître absolu. Il écrivait avec facilité sur tous les sujets, et s'était fait une certaine réputation comme naturaliste, en décrivant d'un style emphatique les mœurs des poissons et des serpents; mais son principal talent était de dire dans les occasions solennelles que Napoléon était un *génie immense qui portait sa vue sur les siècles à venir*, que son règne serait *le plus illustre de tous les règnes*, et qu'il était *de ses sujets le héros et le père*. Pour prix de cette éloquence, on l'avait fait sénateur et comte.

« Quand bien même, disait ce brave homme, toutes les armées actives dépasseraient nos frontières et iraient faire éclater la foudre impériale à d'immenses distances, la vaste enceinte de l'Empire présenterait de nombreux défenseurs que des défenseurs plus nombreux encore pourraient remplacer; et l'empire français, considéré, si je puis parler ainsi, comme une immense citadelle placée au milieu du monde, montrerait sa garnison naturelle dans une garde nationale régulièrement organisée... Voilà ce que le héros croit devoir faire pour rendre les frontières inviolables... Voici ce que fait le père de ses sujets, pour que ce grand bienfait exige le moins de sacrifices... ils (les gardes nationaux) ne seront étrangers à aucun des avantages dont jouissent les anciennes phalanges de Napoléon. *Et la défense expresse que leur fait le sénatus-*

Grosse cavalerie française montée sur des petits chevaux russes.

consulte de quitter les rivages et de franchir les frontières qu'ils doivent garder, sera pour leur courage un frein que ne pourra briser l'impétuosité française. »

Lacépède n'avait pas besoin de retenir l'impétuosité des gardes nationaux. Ceux qui avaient échappé à deux ou trois conscriptions n'avaient aucune envie de se faire tuer pour mettre Joseph Bonaparte sur le trône d'Espagne, ou pour reculer jusqu'à Smolensk la frontière des vassaux du grand empire. Mais personne n'osa répliquer, et Napoléon, content d'avoir préparé une forte réserve pour remplir les vides que la campagne de Russie ne pouvait manquer de faire dans son armée, ne s'inquiéta pas de la consternation publique. Toujours préoccupé du but, il n'avait plus de scrupules sur les moyens.

Cependant, il ne s'abusait pas sur le danger d'une guerre si lointaine. Il se souvenait des neiges et des boues de la Pologne où il avait bivouaqué durant l'hiver de 1807, et le séjour qu'il fit à Dresde et qu'on lui a reproché, n'avait probablement d'autre but que d'intimider le czar et d'obtenir sans combat qu'il fermât hermétiquement ses ports au commerce anglais.

Quoique toutes ses mesures fussent prises en vue de la guerre, il n'entrait pas dans cette grande entreprise avec sa confiance ordinaire. La résistance de Wellington en Espagne lui donnait de l'inquiétude. Cet Anglais tenace, qui n'avait gagné encore aucune victoire véritable (la première fut celle de Salamanque, 21 juillet 1812), mais qui restait planté comme un pieu sur les champs de bataille de Talavera, de Busaco, de Fuentes de Oñoro et qu'on n'avait pas pu déraciner, relevait l'espoir des ennemis de la France. Si les Russes imitaient ce dangereux exemple, et, s'adossant aux glaces du pôle et aux monts Ourals, attendaient de pied ferme l'attaque de Napoléon, il voyait trop bien que l'art le plus consommé ne pourrait rien contre la nature des choses et contre le désespoir des peuples.

Il le voyait, et néanmoins il avait pris sa résolution. Tout en recevant l'hommage de cet état-major de rois qui remplissaient son antichambre à Dresde, il prêtait l'oreille aux bruits qui venaient de la frontière russe. Enfin, le retour de Narbonne décida son départ. Le 29 mai, il partit pour Posen (évitant, par des motifs que l'on verra plus tard, de traverser Varsovie), se détourna de sa route pour visiter Dantzig, où Rapp, l'un de ses plus dévoués lieutenants, tenait garnison, se fit montrer les fortifications, et, ce qui était plus important, se fit rendre compte des approvisionnements, car c'est de Dantzig, grenier naturel de la Pologne, que devaient partir les convois de blé destinés à nourrir l'armée. Par occasion, il réunit Dantzig à l'empire français; car en paix comme en guerre, il ne pouvait se lasser de conquérir. « Qu'est-ce que les Dantzikois font de leur argent? demanda-t-il. — Sire, dit Rapp, ils sont ruinés. — Cela changera, répliqua l'Empereur, je les garde pour moi; il n'y a que les grandes familles qui prospèrent. »

L'Europe, du reste, s'aperçut à peine de cette nouvelle annexion, tant elle était habituée à regarder Dantzig comme un poste avancé de la France.

X

La grande armée.

De Dantzig Napoléon partit pour Kœnigsberg, dernière place forte de la Prusse orientale sur la frontière de Russie, et de là pour Gumbinnen et le Niémen. C'est là que ses vieilles bandes l'attendaient.

Elles ne l'avaient pas vu à leur tête depuis le 6 juillet 1809, jour de la bataille de Wagram. Soit lassitude physique (il n'avait plus l'ardeur de la jeunesse), soit ennui, dégoût ou remords d'une guerre odieuse qu'il ne pouvait reprocher qu'à lui-même, rien n'avait pu le décider à remettre le pied en Espagne, ni l'ineptie de son frère Joseph, ni la désobéissance de ses maréchaux qui songeaient moins à combattre l'ennemi commun qu'à se nuire réciproquement, ni l'héroïque acharnement des Espagnols, ni même l'échec de son principal lieutenant, Masséna, en Portugal. Peut-être, se souvenant de Kléber assassiné en Égypte par un fanatique, craignait-il le couteau des moines. Rien n'est plus dangereux que de pousser au désespoir des hommes qui croient du même coup venger leur patrie et gagner le ciel.

Autour de lui la haine des peuples montait comme un flot et annonçait la tempête prochaine. C'est sur lui qu'on rejetait tous les maux de l'Europe, — ceux qu'il avait causés et ceux auxquels il était étranger. Impôts, armements, contributions de guerre, pillages, conscriptions, les rois parmi lesquels il avait voulu s'asseoir l'accusaient de tout. Dès 1809, l'Allemagne entière avait failli se soulever. Sans le coup terrible de Wagram, toute la Prusse avec ou sans l'autorisation du roi aurait pris les armes.

Il le savait, et sa police ne le lui cachait pas; mais il n'écoutait plus rien. Il ne pensait plus, comme autrefois, à se faire admirer, mais à se faire craindre. Les yeux fixés sur un but chimérique, la domination universelle, il ne voyait pas le précipice. Il retenait le pape en prison, il dissolvait le concile et envoyait au donjon de Vincennes des cardinaux tremblants. Par décret impérial il fondait huit prisons d'État. Il tenait les journaux dans sa main; enfin il ne connaissait plus d'autre loi que sa volonté, et commençait à n'avoir plus d'autre appui que les baïonnettes de ses soldats.

Celui-là du moins ne lui manquait pas encore. Si les maréchaux, qu'il avait enrichis, montraient peu d'ardeur, les officiers et les simples soldats (les vieux soldats surtout) étaient prêts à le suivre partout. Plusieurs d'entre eux qui avaient fait avec lui la guerre en Italie, en Égypte, en Allemagne et en Espagne, croyaient aller aux Indes et ne s'effrayaient pas de la longueur du chemin. Moscou devait être la première étape; Ispahan, la seconde; Delhi et Calcutta, les deux dernières. On se rappelait le mot de Napoléon lorsqu'il fut forcé, par l'artillerie du commodore Sidney Smith, de lever le siége de Saint-Jean-d'Acre : « Cet Anglais m'a fait manquer ma fortune. » Évidemment, en 1812, il voulait prendre sa revanche et refaire sa fortune manquée.

Des équipages innombrables suivaient la grande armée et fortifiaient encore l'opinion qu'on s'était faite d'une expédition en Orient. Provisions de bouche, vins exquis, bagages de toute espèce encombraient les routes de la Prusse et de la Pologne et gênaient la marche des régiments. Un contemporain rappelle à ce sujet le luxe de Xerxès. La comparaison n'est pas exagérée. Tout le monde regardait cette guerre comme la dernière que dût faire l'Empereur. On ne doutait pas de battre les Russes, de pousser jusqu'à l'Inde, et, après la conquête, d'avoir la paix. Les jeunes gens de familles nobles, récemment ralliées à l'empire, s'enrôlaient avec empressement et recevaient aussitôt des grades qu'on avait refusés aux vieux soldats de la république. L'état-major impérial était rempli de ducs, de princes, de comtes et de barons, pleins de courage sans doute, mais novices dans l'art de la guerre. A voir le cortége de Napoléon, on eût dit le chef d'une dynastie plus ancienne que celle des Capétiens. Les noms de Turenne, de Ségur, de Saluces, de Narbonne, de Montesquiou, de Mortemart, de Montmorency, de Montaigu, de Caraman, d'Aremberg, de Flahault, de Girardin, de Fezenzac, de Noailles étaient les premiers sur la liste.

A l'exemple de l'Empereur, tous les maréchaux ne voulaient avoir pour aides de camp que des gentilshommes. La nouvelle cour tendait les bras à l'ancienne; moyen sûr de plaire au maître qui était devenu délicat et n'aimait plus que les belles manières.

Ces brillants officiers, qui avaient quitté Paris pour assister à deux ou trois batailles, faire cinq ou six charges de cavalerie et revenir couverts de gloire aux pieds des dames (1), n'entendaient pas se priver de leurs aises en campagne, ni perdre dans les boues de la Pologne et de la Russie les molles habitudes du faubourg Saint-Germain. Sabrer et être sabrés, ils y consentaient de grand cœur; mais coucher par terre en toute saison, s'enrhumer, vivre de pommes de terre et boire de l'eau, voilà ce qu'ils ne voulaient pas supporter; et cependant, en campagne, l'Empereur seul et son major général Berthier avaient chacun une tente. Tout le reste dormait et mangeait au hasard.

Mais la grande armée, dans son ensemble, était élevée à une école plus dure que celle de ces états-majors de gentilshommes. Au premier rang brillaient les vieux soldats de Davoust et de la garde impériale, auxquels on ne pouvait rien comparer en Europe.

Le corps de Davoust, surtout, car la garde impériale, trop ménagée, même militairement (elle le fut jusqu'à Waterloo), bien nourrie, pourvue de tout, ne donnait que dans de rares occasions et ne servait le plus souvent qu'à effrayer l'ennemi par sa présence. Dans les plus terribles épreuves de la retraite, Napoléon pensait par-dessus tout à nourrir et à sauver sa garde, même aux dépens du reste de l'armée.

Il prenait moins de souci des soldats de Davoust; mais ceux-là étaient sous la main d'un chef vigilant. Ces hommes de fer, dernier legs de la Révolution victorieuse, habitués depuis longtemps à la grande guerre, endurcis à la fatigue, rompus à la discipline, indifférents au danger, étaient vraiment l'élite de la grande armée. Les officiers, formés à l'école du général en chef, et vivant, comme lui, loin de France, depuis six ans, se serraient autour du drapeau qui, pour eux, était devenu la patrie. C'est sur eux que Napoléon comptait pour frapper le coup décisif.

Ces vieux soldats l'accueillirent avec une joie pleine de gravité. Sa puissance

(1) Si l'on veut se faire une idée des mœurs et des manières de la cour impériale, qu'on lise l'amusante histoire de la princesse Pauline Borghèse, sœur de Napoléon, et du beau colonel Canouville, racontée par le valet de chambre Constant.

était leur œuvre, sa gloire était leur gloire. Mais les étrangers, Badois, Italiens, Wurtembergeois, Hessois, Italiens et Saxons, qu'il traînait après lui, ne cachaient pas leur mécontentement et leur haine. Les Prussiens surtout et les

Attaque de Smolensk.

Autrichiens se plaignaient publiquement de faire la guerre à leur ami, le czar, dans l'intérêt de la France, leur ennemie. Un officier de l'état-major impérial, M. de Flahault, fut chargé d'un message pour le prince de Schwartzenberg, commandant en chef du corps autrichien, qui devait former l'aile droite de la grande armée. Au retour, il avertit Napoléon des mauvaises dispositions de ses alliés; celui-ci l'écouta sans s'émouvoir, sortit de son cabinet, et déclara aux généraux que les Autrichiens « brûlaient de combattre les Russes et de rivaliser avec l'armée française. » Ruse de guerre utile, si la vérité n'eût pas été déjà connue de toute l'Europe. Parmi tous nos alliés, les Polonais seuls allaient de bon cœur à la bataille. Pour eux, il est vrai, il s'agissait de la patrie. Dès 1792, ils avaient eu l'instinct que la France viendrait tôt ou tard à leur secours. Dombrowsky et les autres patriotes, chassés de leur pays, étaient venus combattre dans nos rangs. Autrichiens, Prussiens ou Russes, leurs ennemis étaient les nôtres. Un seul, — et malheureusement c'était le plus illustre, — Thadée Kosciusko, eut la maladresse de rester à l'écart, en 1807, et de repousser les offres de l'Empereur, qui, dès ce temps-là, était tenté de relever la Pologne. « Kosciusko est un sot, » s'écria Napoléon irrité, et il avait raison. Kosciusko n'était pas en position de marchander cette alliance inespérée. Il aurait dû se jeter à tout hasard dans les bras de l'homme qui pouvait et peut-être voulait rendre la liberté à sa patrie. Il hésita. L'Empereur, irrité, fit la paix avec le czar, et se contenta de rétablir le duché de Varsovie.

Au reste, la Pologne ne fut pas ingrate. Il usa et abusa d'elle comme d'un département français, levant des régiments et les employant à l'impossible conquête de l'Espagne. Au premier bruit d'une rupture prochaine avec le czar, les Polonais se tinrent prêts à marcher. Que Napoléon prît l'engagement de leur rendre la liberté, et il pouvait, suivant sa propre expression, mettre toute la Pologne à cheval, — c'est-à-dire seize millions d'hommes.

Malheureusement, il traînait derrière lui un boulet pesant, l'alliance autrichienne, — alliance nécessaire pour sa sûreté, mais funeste aux Polonais. Comment ôter la Lithuanie aux Russes et laisser la Gallicie aux Autrichiens? Et, s'il leur ôtait la Gallicie, pouvait-il garder leur aliance? Grand sujet de perplexité. Talleyrand, autrefois, avait conseillé d'indemniser l'Autriche en lui offrant la vallée du Danube, — la Servie, la Bulgarie, la Moldavie et la Valachie. Du même coup, on l'agrandissait et on la brouillait éternellement avec la Russie. Mais Napoléon ne le voulut pas. Il avait ses vues particulières sur la Turquie. « La paix est à Constantinople, » disait-il un jour. Il défendait les Turcs comme un berger défend ses moutons, pour les tondre et les égorger lui seul.

Faute de se résigner à un sacrifice indispensable, il ne comptait qu'à demi sur l'amitié de l'Autriche, et n'osait pas non plus annoncer ouvertement ses desseins sur la Pologne; mais les régiments polonais n'en montraient pas moins d'ardeur et de passion d'en venir aux mains avec les Russes. Pour la première fois, depuis cent ans, les armes allaient être égales! Quatre cent mille hommes de toutes nations, dont quatre-vingt mille cavaliers, allaient passer le Niémen sous la conduite de Napoléon, et, sur leurs derrières, une réserve de deux cent cinquante mille hommes devait combler les vides causés par la mitraille et garder les communications avec la France. Dix-huit cents pièces de canon, sans compter deux parcs de siége, suivaient l'armée et allaient ouvrir de larges brèches dans les rangs des Russes; car Napoléon, qui disait d'eux, à Eylau, qu'il fallait non-seulement les tuer, mais pousser les morts pour les faire tomber, comptait principalement sur l'artillerie, et voulait ménager le sang de ses soldats. Mais cette précaution même lui devint funeste par l'immense encombrement de fourgons de toute espèce que l'artillerie rendait nécessaires. En peu de jours, toutes les routes furent défoncées. Beaucoup de chevaux périrent; les vivres, malgré les immenses approvisionnements entassés à Dantzig, Elbing et Braunsberg, commencèrent à manquer; les soldats, affamés, s'écartèrent pour se livrer à la maraude, et pillèrent également amis et ennemis; enfin, dès le passage du Niémen, le désordre se mit dans cette immense armée et s'accrut rapidement par les marches forcées, les privations et les maladies.

Cependant les deux adversaires étaient si disproportionnés que personne ne douta du succès de Napoléon.

XI

L'armée russe.

L'armée russe, moins nombreuse et moins concentrée, était encore formidable. Au mois de janvier 1812, le czar payait 942,000 hommes de toutes armes. Mais si l'on considère la vaste étendue de la Russie, l'immensité des déserts, et surtout les mécomptes et les déficits de toute administration militaire, il n'avait guère plus de cinq cent soixante-dix mille soldats effectifs, dont les deux tiers seulement pouvaient entrer en ligne et bordaient une frontière de mille verstes (deux cent cinquante lieues), depuis Polangen, sur la mer Baltique, jusqu'à la Moldavie. Cette masse d'hommes était divisée en cinq armées principales : la première, sous Wittgenstein, gardait les provinces baltiques, Riga, et couvrait les abords de Pétersbourg. La seconde et la troisième, sous Barclay de Tolly et Bagration, gardaient la Lithuanie et la route de Smolensk et de Moscou; la quatrième, sous Tormassof, menaçait d'envahir la Pologne et de pousser jusqu'à Varsovie; la cinquième enfin, sous l'amiral Tchitchagof, demeurait immobile sur la frontière de Moldavie, le traité de Kutusoff avec les Turcs n'étant pas encore ratifié (Andréossy, envoyé de Napoléon, offrait au sultan Mahmoud la Crimée pour prix de son alliance); mais elle ne tarda pas à entrer en ligne. Napoléon devait la rencontrer à la Bérésina.

Les principaux chefs de l'armée étaient réunis autour du czar, à Wilna, capitale de la Lithuanie. C'est là qu'Alexandre attendait l'attaque de son adversaire. Il attendait, car les rapports du colonel Czernischeff et de ses autres espions ne lui permettaient pas de douter de la supériorité des forces de Napoléon. Lui-même, du reste, défiant par caractère et effrayé des souvenirs d'Austerlitz et de Friedland, craignait par-dessus tout de prendre l'offensive. Depuis quinze ans toute l'Europe était à la recherche d'un moyen de vaincre les Français, et les tacticiens allemands exerçaient leur génie sur ce problème. L'un disait que Napoléon devait tous ses succès à l'habitude qu'il avait prise de tourner l'ennemi. L'archiduc Jean, frappé de cette découverte, voulut tourner Moreau à Hohenlinden et perdit la moitié de son armée dans la bataille. Sans se décourager, un autre stratégiste autrichien, Weirother, voulut tourner Napoléon lui-même, et donna le plan de la bataille d'Austerlitz. Avec quel succès, l'Europe ne l'a pas encore oublié. Les Autrichiens ayant échoué, un Prussien, le général Pfuhl, qui s'était immortalisé, dit Joseph de Maistre, en annonçant que l'Espagne ne résisterait pas six mois à Napoléon, vint proposer à Pétersbourg un moyen infaillible de faire repasser aux Français la Vistule, l'Oder, l'Elbe et le Rhin, et de les ramener tambour battant jusqu'à Paris.

Ce plan, qui ne demandait pas de grands efforts de génie, fut calqué sur celui de Wellington en Portugal. Ravager le pays, brûler les villes et les villages, détruire les magasins, se retirer dans un camp retranché à Drissa, s'adosser à la Dwina, harceler Napoléon avec la cavalerie cosaque, intercepter ses convois, et attendre, pour livrer bataille, que la faim et les maladies eussent détruit à moitié l'armée française. Pfuhl oubliait que Wellington, enfermé dans les redoutes de Torres-Vedras, barrait la seule route par laquelle on pût aller jusqu'à Lisbonne, tandis que la Russie, plaine immense à peine ondulée de ravins, était de tous côtés ouverte à l'armée française, ce qui permettait à Napoléon de tourner le camp de Drissa et de rejeter les Russes en Livonie. Au reste, la nécessité devait corriger les vices de ce plan, et forcer les Russes à quitter Drissa sans combat.

Alexandre, sur qui le ton d'autorité des professeurs allemands avait beaucoup d'influence, donna des ordres pour la construction du camp, et regarda Pfuhl comme un tacticien hors ligne et comme le sauveur de l'empire. A vrai dire, il ne savait à qui se fier. Il était environné des proscrits et des exilés de toute l'Europe : grands donneurs de conseils, ayant chacun dans sa poche un moyen sûr de sauver la Russie. Parmi les plus empressés se faisait remarquer un intrigant Italien, Paulucci, de Modène, qui blâmait hardiment tout ce que faisaient le czar, son conseiller Pfuhl, et son ministre de la guerre, Barclay de Tolly. Paulucci, homme d'esprit, turbulent, insolent, mal vu des Russes à cause de son origine étrangère, avait deviné le faible du czar, que sa timidité naturelle mettait à la merci du premier venu. Il lui parlait avec la dernière hardiesse, disant que l'auteur du camp de Drissa était digne d'être mis à la maison des fous ou accroché à une potence. Alexandre n'osa s'en fâcher. Le duc d'Oldenbourg, mari de la grande-duchesse Catherine, ayant voulu faire quelques observations, Paulucci lui répliqua : « Monseigneur, vous êtes général en chef, mais sans exercice ; moi, je suis en exercice, mais sans talent : nous ne pouvons guère parler art militaire ensemble. » Et il le congédia.

Les généraux les plus illustres de l'armée russe partageaient, sans le dire, l'avis de Paulucci, et ne voulaient ni reculer devant les Français ni s'enfermer dans Drissa. Les mêmes gens qui n'auraient pas hésité à tuer le czar, s'il avait

Combat dans les faubourgs de Smolensk.

fait la paix ou reculé malgré eux, n'osaient hasarder un mot en sa présence. Benningsen même, qui avait les mains encore teintes du sang de Paul Ier, et qui n'en était pas plus mal vu d'Alexandre, garda le plus profond silence. C'est le propre des gouvernements absolus de ne laisser au sujet aucun moyen terme entre l'assassinat du maître ou la servitude.

Mais enfin, le danger croissant toujours et Napoléon s'avançant à marches

Incendie de Smolensk.

forcées vers le Niémen, la hardiesse de Paulucci délia les langues. Le Prussien Clausewitz, affilié au Tugendbund et aux autres sociétés secrètes d'Allemagne; le Suédois Armfeldt, le Wurtembergeois Wintzingerode, et le fameux baron de Stein, réformateur de la Prusse après Iéna, unirent leurs efforts à ceux de l'Italien. Par un étrange revirement, qui montre combien la prospérité avait aveuglé Napoléon et l'avait jeté hors de sa voie, les proscrits de toute l'Europe affluaient dans le camp d'Alexandre et portaient le drapeau de la liberté, pendant que l'ancien général de la république française n'avait autour de lui que des rois. Pour comble, le czar allait faire alliance avec deux Français, Bernadotte et Moreau, tous deux compagnons d'armes à l'armée du Rhin.

Alexandre tint bon pendant quelque temps contre tout le monde. Il se défiait de sa capacité militaire et de celle de ses généraux. Il respectait le grave et pédantesque Pfuhl. Les raisonnements géométriques de ce professeur de stratégie, appuyés de l'exemple récent de Wellington, lui imposaient. S'il devait être battu, du moins le serait-il suivant les règles : c'est une consolation. Il était d'ailleurs fort encouragé dans sa résistance par son ministre de la guerre, Barclay de Tolly, commandant en chef de l'armée principale.

Barclay de Tolly, né en Livonie, malgré son nom écossais, était un vieil officier très-sensé, très-froid, très-brave et de peu de génie, qui, sans s'inquiéter beaucoup de Pfuhl et sans rêver des exploits prodigieux, avait fort bien compris que Napoléon, déjà beaucoup moins fort sur le Niémen que sur le Rhin, le serait bien moins encore sur la Dwina que sur le Niémen, et sur la Moskowa que sur la Dwina. La seule nécessité de garder les communications devait disperser l'armée française en une foule de petits détachements faciles à enlever en détail, tandis que l'armée russe, en se concentrant dans l'intérieur, devait recevoir tous les jours de nouveaux renforts. En suivant cette progression inévitable, Napoléon serait détruit sans avoir livré une seule grande bataille. L'événement a prouvé que Barclay de Tolly avait raison.

Mais les Russes ne demandaient qu'à combattre et appelaient lâcheté la prudence de leur chef. Le prince Bagration, général de la troisième armée de l'Ouest, qui avait fait avec le célèbre Souwarow toutes les guerres de Pologne et de Turquie, s'emportait contre Pfuhl et Barclay de Tolly, et voulait marcher à l'avant-garde. Bagration était le héros de l'armée russe. Il était né en Géorgie, dans une vallée du Caucase, et il avait l'intrépidité prodigieuse de cette race, la plus noble, la plus belliqueuse et la plus fière du globe. Par une exception assez rare chez les Géorgiens, il était laid et de petite taille, mais son nez, recourbé comme un bec d'aigle, et ses yeux profonds lui donnaient une physionomie étrange. Les soldats n'avaient confiance qu'en lui. Il n'aimait à vivre qu'avec eux, au camp, et faisait mal sa cour. On ne le voyait jamais à Pétersbourg; mais dans les occasions difficiles tout le monde pensait à Bagration. Dans les retraites, c'est lui qui commandait l'arrière-garde; dans les assauts, la colonne d'attaque.

Chose singulière! sa réputation même lui faisait tort. Un héros ne peut pas être prudent. C'était à Pfuhl et à Barclay de Tolly de combiner les plans de campagne, — à Pfuhl surtout; c'était à Bagration d'obéir et de combattre, c'est-à-dire de réaliser les profondes combinaisons de Pfuhl. Bagration, furieux, en appelait à toute l'armée, et le czar incertain, n'osant ni commander l'armée lui-même ni en confier le commandement à personne, attendait à Wilna, l'arme au bras, qu'il plût à Napoléon de commencer le feu.

XII

Théâtre de la guerre.

Il n'attendit pas longtemps. Un soir, le 24 juin 1812, pendant qu'il assistait à un bal que lui donnait, près de Wilna, le général Benningsen, le meurtrier de son père, il apprit tout à coup que l'armée française venait, le matin même, de passer le Niémen, près de Kowno, à vingt-cinq lieues de Wilna. Il partit sans avoir, dit Joseph de Maistre, *le temps de plier sa vaisselle*, que les Français trouvèrent quatre jours après dans le désordre d'une fête interrompue. Du premier coup, l'armée russe était rompue en deux tronçons, et Napoléon, s'interposant entre eux, devait les empêcher de se rejoindre et peut-être les envelopper l'un après l'autre. Mais avant de raconter en détail les opérations militaires, il faut donner une idée du champ de bataille.

Tout le nord de l'Europe et de l'Asie, depuis les côtes de la Picardie jusqu'au Kamschatka, sur une longueur de trois mille lieues, est une plaine immense qui s'abaisse en Hollande au-dessous du niveau de la mer, se relève un peu en Allemagne et en Pologne, et se prolonge à travers la Sibérie sans être interrompue comme l'Europe centrale et méridionale par des massifs de montagnes. La chaîne de l'Oural elle-même n'est qu'une suite de plateaux qui s'élèvent par une pente insensible et dont le point culminant sert de limite aux deux continents. Les rivières, ordinairement plus larges que profondes, de cette vaste contrée, vont aboutir à la mer du Nord, à la mer Baltique et à l'océan Glacial Arctique en traversant des lacs nombreux et des forêts de pins, de sapins et de bouleaux. Un vent glacial venu du pôle nord et du détroit de Behring, et que rien n'arrête sur sa route, prolonge la durée de l'hiver et rend la Pologne, la Lithuanie et la Russie septentrionale inaccessibles pendant huit mois à une armée régulière, qui traîne après elle des magasins, des parcs d'artillerie et des convois immenses. En cas de guerre avec la Russie, le sol ne présente aucun obstacle naturel en été, ni aucune ressource en hiver. De là vient qu'au treizième siècle la cavalerie tartare, conduite par les petits-fils de Gengis-Khan, courut d'un élan depuis Karakorum, au nord des monts Altaï, jusqu'au pied des montagnes de Bohême, et qu'elle disparut avec la même rapidité, car rien n'est plus facile à perdre que ce qu'on a conquis sans peine.

C'est au milieu de cette plaine, la plus grande du globe, en Lithuanie, que la guerre allait commencer.

La Lithuanie, autrefois indépendante de la Pologne, puis annexée volontairement, et souvent indécise entre les Russes et les Polonais, fut la première victime de ces trois brigands illustres, — le grand Frédéric, la pieuse Marie-Thérèse et Catherine II, — qui se partageaient la Pologne en 1772. Des forêts sombres, un climat neigeux et pluvieux, un sol presque stérile, peu de villes, nulle industrie, peu de commerce (et tout entier dans les mains des juifs), des villages misérables, point de routes pavées ou macadamisées, une boue épaisse, des flaques d'eau profondes, des marais qu'on traverse sur des pièces de bois jetées çà et là, quelques châteaux, des terres immenses et mal cultivées, voilà le pays. Un peuple serf et manquant de tout, ruiné par les grands seigneurs et par leurs intendants, voilà les habitants. Une conquête si misérable n'aurait pas tenté l'avidité des Russes, si elle n'avait été une étape nécessaire sur la route de l'Occident. La Lithuanie, qui se divise aujourd'hui en cinq gouvernements, est un grand quadrilatère irrégulier dont trois côtés, — le nord, l'ouest et l'est, — sont formés par la mer Baltique, le Niémen et la Dwina; au sud et au sud-est, la frontière a toujours été indécise, ayant depuis trois siècles servi de champ de bataille aux Russes et aux Polonais, deux races aussi semblables et aussi hostiles l'une à l'autre que le chien l'est au loup. C'est dans ce quadrilatère que toutes les armées de l'Europe continentale allaient se poursuivre, s'éviter, se heurter et s'égorger pendant six mois.

Jusqu'au moment où l'on reçut la nouvelle du passage du Niémen, tout le camp russe avait été en désordre; l'armée ne demandait qu'à combattre; le czar, son confident Pfuhl et Barclay de Tolly ne pensaient qu'à faire retraite; mais l'arrivée de Napoléon mit tout le monde d'accord. Les plus braves ne furent pas les moins prompts à reculer. Avant tout, il fallait éviter d'être coupé et enveloppé dès la première bataille. On se dirigea donc sur le camp retranché de Drissa, en avertissant Bagration qui commandait la seconde armée de l'Ouest et qui avait offert d'entrer en Pologne, qu'il fallait rejoindre l'armée principale, et qu'après la réunion des deux armées on attendrait de pied ferme le choc de Napoléon. Il était, on va le voir, plus facile de donner cet ordre que de l'exécuter.

XIII

Proclamation du 22 juin.

Deux jours avant de commencer la guerre, Napoléon, suivant sa coutume, avait lancé un de ces ordres du jour solennels qui étaient comme un premier coup frappé sur l'ennemi. Ce grand homme de guerre, qui aurait été le premier journaliste de son temps s'il avait pu supporter la contradiction, haranguait volontiers l'Europe, soit dans le *Moniteur*, soit au bivouac, et, grâce

Une rue de Smolensk après la prise de la ville.

au soin qu'il prenait de parler seul, aujourd'hui même encore sa voix retentissante s'impose et domine toutes les autres.

C'est le 22 juin 1812 que parut sa proclamation datée de Wilkowisky. Elle résonnait comme une fanfare belliqueuse... « *La Russie est entraînée par la*

Passage de la Stubna à la sortie de Smolensk. — 19 août.

fatalité. Ses destins doivent s'accomplir. Nous croirait-elle donc dégénérés? Ne sommes-nous plus les soldats d'Austerlitz?... »

Du motif de la guerre, pas un mot. Il disait vaguement que la Russie avait violé ses serments. Quant au but de l'expédition, rien n'était moins défini. « ... *La paix que nous conclurons portera avec elle sa garantie et mettra un terme à l'orgueilleuse influence que la Russie a exercée depuis cinquante ans sur les affaires de l'Europe...* » Voilà pour quelle raison sept cent mille hommes allaient périr dans les deux camps. L'histoire n'offre pas d'exemple d'une folie plus tragique.

Du reste, personne n'y prit garde dans l'armée française. Depuis longtemps on ne se battait plus que par honneur militaire. Patrie, liberté, justice, étaient des mots oubliés et vides de sens. Les officiers pensaient à l'avancement. Les vieux soldats étaient fiers d'eux-mêmes et de leur chef. Les conscrits, incorporés de force dans les régiments, se résignaient à leur sort et se battaient avec intrépidité. Cette mécanique prodigieuse qu'on appelait la grande armée avait gardé tout son prestige extérieur, mais le grand ressort intérieur était cassé. A l'ardeur patriotique des volontaires de 1792 avait succédé l'habitude de se battre, sans savoir pourquoi ni pour qui. On ne parlait plus dans les documents officiels que du « service de l'Empereur » et de la « gloire de l'Empereur. » Ce n'était pas assez pour relever les âmes.

Par une conséquence naturelle, plus le régime militaire devenait exclusif, moins la discipline était respectée. On avait fait la même remarque au temps de l'empire romain. Napoléon, tout absolu qu'il fût, avait de grandes faiblesses pour ses vieux soldats. Il supportait d'eux des choses étranges. Un jour (c'était au retour de la campagne de Prusse), un général d'artillerie de la garde (Soulès) veut traverser le Rhin avec soixante caissons remplis de marchandises de contrebande. Il n'y avait pas de crime plus odieux au maître. Les douaniers insistent et veulent ouvrir les caissons de force. Le général met sa contrebande sous la protection d'un régiment, et déclare qu'il *jettera* les douaniers dans le Rhin... Grand tumulte. Les douaniers sont mis en déroute; mais leur chef écrit à Paris et se plaint du général contrebandier. Napoléon ne fit qu'en rire. « Je te le passe aujourd'hui, dit-il à Soulès en lui pinçant l'oreille; mais si tu recommences, je te ferai fusiller. »

Au fond, il ne ménageait plus que l'armée, et dans l'armée, la garde impériale. Il en donna des preuves terribles dans le cours de la campagne.

XIV

Passage du Niémen.

Deux jours après que sa proclamation eut été lue sur le front de tous les régiments, il fit jeter trois ponts sur le Niémen, vers la petite ville frontière de Kowno, et regarda défiler une armée de deux cent cinquante mille hommes, commandés sous lui par Ney, Davoust, Oudinot et Murat. Pendant le défilé, qui ne fut troublé par aucun accident, car la rive opposée n'était gardée que par quelques groupes de Cosaques qui ne pouvaient opposer aucune résistance, il sifflait gaiement plusieurs airs populaires, entre autres, celui-ci, du *Roland*, de Grétry :

Où vont tous ces preux chevaliers,
L'espoir et l'honneur de la France?...

et le suivant :

Malbrouk s'en va-t-en guerre...
Ne sait quand reviendra.

Ce qui, après coup, fut regardé comme un présage. Sa gaieté n'était pas feinte. Grâce aux négociations de la dernière heure, il avait trompé ou amusé l'ennemi, et il allait le surprendre, séparer l'une de l'autre les deux principales armées russes, et prendre la Lithuanie sans combat. La masse principale de ses forces passait sur les ponts de Kowno; à gauche, par Tilsitt, s'avançait Macdonald, chargé de prendre Riga et de menacer Pétersbourg. A droite, était Eugène Beauharnais, à Prenn; et plus haut, à Grodno, sur le Niémen, Jérôme, roi de Westphalie. Celui-ci, arrivé des premiers au rendez-vous, et chargé d'acculer Bagration aux marais de Pinsk, avait ordre de rester immobile, l'arme au pied, en attendant le moment favorable. L'extrême droite était formée par les Autrichiens et les Saxons que commandaient Schwartzenberg et Reynier; mais Napoléon, qui comptait peu sur ces alliés, ne leur avait demandé que de défendre la Pologne contre les incursions des Cosaques.

Au premier moment, tout parut réussir. Le temps était beau; le pays était coupé de collines et de vallées boisées; l'ennemi se retirait sans combattre; les habitants étaient bien disposés. Une seule chose attristait l'armée française : les Russes brûlaient tout sur leur passage, même leurs propres magasins qu'ils n'avaient pas eu le temps d'emporter; grave inconvénient dans un pays mal cultivé. De plus, tous les chefs de corps n'avaient pas eu la prudence du maréchal Davoust, qui chargeait ses soldats de vivres pour les retenir sous les drapeaux; de sorte qu'après deux jours de marche, une foule de maraudeurs s'écarta de tous côtés et mit au pillage tout ce que les Russes avaient épargné. A ce premier désordre, s'en joignit bientôt un plus grand. Le 29 juin, pendant que les troupes étaient en marche, on entendit tout à coup un roulement lointain et prolongé, qu'on prit pour le bruit de la canonnade. C'était un orage effroyable qui éclatait et qui dura plusieurs heures. Plusieurs soldats furent frappés de la foudre. Tout le pays fut inondé, des milliers de chevaux périrent, quatre-vingts pièces de canon furent abandonnées dans la boue.

Napoléon, dès le 28 juin, avait pris possession de Wilna. C'était la première étape. Witepsk fut la seconde, Smolensk la troisième, et Moscou la dernière.

Nul obstacle entre Kowno et Wilna. La distance est de vingt-cinq lieues. Murat galopait à l'avant-garde avec sa cavalerie, éclairant le pays et faisant le coup de feu avec les Cosaques. Davoust suivait avec l'infanterie du premier corps et appuyait son camarade. Derrière venait la garde, et au milieu, Napoléon, pareil à ces sultans d'Asie, qu'on ne voit que dans les occasions solennelles. L'occasion qu'il cherchait, lui, et que les Russes évitaient avec soin, c'était une bataille décisive. Jusque-là, enfermé tête à tête dans sa voiture avec Berthier, son major général et son confident ordinaire, il dictait les ordres, recevait les officiers d'état-major, consultait les cartes, suivait du doigt les mouvements de l'armée, et dormait quelquefois, car jamais homme ne sut mieux ménager ses propres forces et ne fit moins d'efforts inutiles.

En face de lui, Berthier, exact, laborieux et docile, exécutait avec la précision d'un compas les ordres d'un chef qu'on n'a jamais contredit impunément, écrivait sans relâche, lisant les dépêches, développant et éclaircissant parfois les notes laconiques de l'Empereur. C'était l'alliance étroite du lierre et du chêne. Berthier, l'un des plus vieux soldats de l'armée, était aussi le plus fatigué de la guerre; mais il osait à peine laisser voir sa lassitude. Il avait alors cinquante-neuf ans, et il avait fait les campagnes d'Amérique, moins rudes à la vérité que celles de la République et de l'Empire. Plus tard, il avait cherché sa voie, tantôt colonel dans la garde nationale de Versailles, tantôt général de division à l'armée d'Italie; mais aussitôt qu'il eut connu le vainqueur d'Arcole, sa vocation véritable se déclara. Il devint l'ombre de Napoléon. Quoi qu'il fût le souffre-douleur du maître, il ne pouvait pas vivre sans lui; il le suivait avec chagrin et en recevait quelquefois des rebuffades étranges. Dans le cours de la campagne, il voulut insinuer un jour qu'il était temps de s'arrêter, de prendre des quartiers d'hiver, de remettre à l'année suivante la conquête de Pétersbourg et de Moscou. — « Et vous aussi, répliqua durement Napoléon, vous êtes de ceux qui n'en veulent plus!... » — Car l'Empereur s'aigrissait et ne ménageait pas plus ses vieux amis que ses ennemis. Outre la fatigue du corps, bien naturelle après tant de campagnes, Berthier avait un autre sujet de déplaisir. Pendant qu'avec le général Bonaparte il faisait la conquête de l'Italie, il fut conquis lui-même par une Italienne, madame Visconti, femme déjà âgée, mais aussi spirituelle que belle, et qui prit le plus grand empire sur cette âme faible et tendre. Dans les boues de la Pologne, au bivouac, Berthier, quoique marié, regrettait sa maîtresse, et ses regrets ne faisaient qu'exciter les dures railleries de Napoléon, qui n'aima jamais la société des femmes.

A Wilna, il fallut faire halte. Les trois quarts de l'armée ne rejoignaient leur drapeau qu'avec peine. Trente mille maraudeurs, répandus sur toutes les routes, pillaient les châteaux et les villages, et tout doucement, à petit bruit, repassaient le Niémen. Au delà, en Allemagne, ils étaient hors de portée et ne craignaient

Valoutina. — Vallée du Dniéper.

plus la police du camp. Dangereux exemple qui fut donné par les étrangers, Espagnols, Portugais, Hollandais, Wurtembergeois, Bavarois et Saxons, et qui fut bientôt suivi par les Français eux-mêmes, — surtout par les jeunes soldats et les conscrits réfractaires.

Combat de Valoutina.

7

L'invasion subite de Napoléon avait eu deux effets. Elle avait séparé l'une de l'autre les deux armées russes de Barclay de Tolly et de Bagration; mais elle avait aussi dispersé l'armée française, qui se répandait pour vivre dans la campagne. Les Russes, d'ailleurs, quoique surpris, firent leur retraite avec un grand sang-froid, brûlant leurs magasins, et ne laissant derrière eux ni armes, ni munitions, ni bagages. Au fond, leur plan de campagne dicté par la nécessité autant que par les combinaisons dont on s'est fait honneur après coup dans leur camp, s'exécutait avec une grande précision. Trop inférieurs en nombre pour attendre de pied ferme le choc de Napoléon, ils reculaient fièrement et en bon ordre, s'arrêtant quelquefois pour repousser les charges de la cavalerie française. Jamais on ne vit mieux combien la force morale supplée à toutes les autres, même à la guerre; car ces mêmes Russes inébranlables dans leur patrie, ne montrèrent pas à beaucoup près la même solidité dans les campagnes de 1813 et de 1814, en Allemagne et surtout en France.

Napoléon ne perdit pas de temps à les poursuivre. Il fit de Wilna, son quartier général, laissant à ses lieutenants le soin de l'avant-garde. Pour lui, outre le soin de rallier les traînards, d'organiser des magasins (car il avait, suivant son habitude, compté sur ceux de l'ennemi qui venaient d'être détruits, et déjà le 5 juillet, un pain coûtait à Wilna 4 écus de 6 livres), il voulait organiser le gouvernement nouveau qui devait remplacer celui des Russes.

Pour la première fois on le vit hésiter. En effet, l'entreprise était grande et dangereuse. Devait-il appeler toute la Pologne aux armes? La réponse des Polonais n'était pas douteuse. Mais, comme on l'a vu, il craignait que l'Autriche et la Prusse, laissées sur ses derrières, et enragées de haine contre la Pologne et contre lui, ne lui fermassent le retour. Proclamer la liberté de la Pologne, c'était proclamer « la guerre viagère » avec l'Allemagne et la Russie, comme avec l'Angleterre. Plus il voyait de près l'obstacle, et plus il refusait de prendre son élan et de franchir la barrière.

A Dresde, il avait eu plus de confiance. Il avait cru possible de soulever la Pologne, et de faire la guerre avec le sang polonais : — chose fort juste d'ailleurs, puisque les Polonais surtout devaient en profiter. Mais où trouver l'homme assez habile pour révolutionner la Pologne et ne pas compromettre Napoléon? Autour de lui il ne voyait que des fonctionnaires, presque aussi disciplinés que ses propres généraux et incapables d'initiative. Talleyrand, le seul, avec Fouché, de ses anciens amis, qui eût conservé quelque indépendance, se tenait à l'écart, et sans faire d'opposition, — chose trop dangereuse sous un tel maître, — gardait un silence dédaigneux. Maret, duc de Bassano, l'ami du cœur, ne pouvait pas quitter Napoléon. On se souvint alors d'un prêtre fort intrigant, l'abbé de Pradt, archevêque de Malines, homme d'esprit, écrivain emphatique, grand faiseur de bons mots, ancien membre de la Constituante, partisan du concordat et de l'église gallicane, et qu'on a vu depuis jouer sous la Restauration un rôle assez important. Cet abbé avait émigré en 1791. Dix ans plus tard il revint en

France, fut nommé évêque grâce à son ami Duroc, et aumônier de l'Empereur. Dès lors son dévouement fut sans bornes. Napoléon, qui ne faisait pas grand usage de ses sermons, le jugea très-propre à haranguer les Polonais en latin, et, sans s'occuper d'autre chose, le nomma ambassadeur de France à Varsovie.

L'abbé, après la chute de son protecteur, a fait le récit de son ambassade. On ne peut rien lire de plus plaisant. Voici les instructions diplomatiques de Napoléon, données par lui-même en tête-à-tête... « Je vous essaie. Vous pensez bien que ce n'est pas pour dire la messe que je vous ai fait venir... Soignez les femmes ; c'est essentiel dans ce pays... Vous devez connaître la Pologne ; vous avez lu Rulhière... Je vais à Moscou ; une ou deux batailles en feront la façon... Je laisserai cinquante mille Français en Pologne ; je fais de Dantzick un Gibraltar ; je donnerai 50 millions par an aux Polonais... Allez voir Maret. »

Le ministre se donna moins de peine encore que le maître pour expliquer le but de la mission de l'abbé. — « *Il faut pousser les Polonais jusqu'au transport en évitant le délire*, » dit Maret. L'abbé, dont la tête n'était pas trop saine, partit pour Varsovie en méditant cette belle parole. Jamais on n'a mieux vu le peu de bon sens qui se dépense dans le gouvernement des peuples.

A Varsovie la scène changea. Les Polonais se serrèrent autour de l'envoyé de Napoléon, et montrèrent le plus grand enthousiasme. L'abbé, bavard et bel esprit de profession, au lieu de les armer, s'occupa de corriger leurs discours comme un professeur de rhétorique, et écrivit pour eux de belles proclamations dans le style académique de M. de Fontanes. Cependant l'instinct national était si puissant, que la Diète, convoquée à Varsovie, se constitua, le 28 juin, en confédération générale, déclara que l'ancien royaume de Pologne était rétabli, et rappela du service de Russie les officiers, soldats et fonctionnaires de tout ordre. Une députation partit pour Wilna et demanda à Napoléon son appui. « L'intérêt de l'empire de Votre Majesté, dit Wibycki, orateur de la députation, veut le rétablissement de la Pologne... Ce dénoûment était réservé... à Napoléon le Grand, devant qui la politique de trois siècles a été l'objet d'un moment, et l'espace du midi au nord ne fut qu'un point... »

Cette demande était gênante et inévitable. L'Europe attentive attend la réponse de Napoléon.

« J'ai entendu avec intérêt, dit-il... Polonais, je penserais et j'agirais comme vous... J'ai bien des devoirs à remplir... J'aime votre nation... Si vos efforts sont unanimes... la Providence couronnera par le succès la sainteté de votre cause... »

Cette réponse, qu'on a blâmée comme trop incertaine, était aussi décisive que le permettaient les circonstances. C'était aux Polonais et non à Napoléon de se dévouer. Que pouvait-il faire, excepté leur donner des armes et leur amener une armée de six cent mille hommes ? Malheureusement les grands seigneurs redoutaient un retour offensif de la Russie. Les paysans, écrasés sous une horrible servitude, se disaient instinctivement : Qu'importe que le maître soit Russe ou Polonais, si le bât n'est pas moins lourd? La bourgeoisie seule et la petite noblesse se dévouèrent, mais elles étaient trop pauvres et trop peu nombreuses. Quant à l'armée polonaise, qui déjà marchait dans nos rangs, elle avait une ardeur sans égale; malheureusement Napoléon commit la faute de la disséminer entre les divers corps et de lui ôter ainsi son unité et son esprit national.

Un dernier trait du discours de Napoléon qu'il ne faut pas oublier, et qui refroidit singulièrment les esprits, fut la phrase suivante :

« ... Je dois ajouter que j'ai garanti à l'empereur d'Autriche l'intégrité de ses États... »

Coup mortel pour les pauvres Galliciens qui se voyaient seuls exceptés de la félicité commune.

XV

Marche du corps de Davoust.

Dès l'entrée à Wilna, un incident de peu d'importance aigrit la querelle du czar et de Napoléon et la rendit personnelle. Alexandre en fuyant, soit pour arrêter ou retarder l'ennemi, soit pour feindre l'étonnement et protester de ses sentiments pacifiques, avait envoyé à Napoléon un officier russe, M. de Balaschoff, moitié militaire, moitié espion, chargé de rendre compte des dispositions du quartier général français. Il avait ordre de demander l'évacuation du territoire russe et d'offrir la paix.

Ce message, qui n'était qu'un prétexte, fut fort utile aux Russes. Le premier à qui Balaschoff eut affaire était l'indiscret Murat qui, toujours indécis entre son devoir de soldat et son intérêt de roi, protesta de sa tendresse pour le czar, et laissa voir qu'on le traînait malgré lui à la bataille. Davoust, taciturne, lui fit l'accueil le plus froid et l'envoya à Napoléon. Celui-ci, qui attendait le plus grand effet d'une manœuvre militaire dont on va parler tout à l'heure, n'était guère disposé à écouter des propositions de paix. S'il avait gardé la prudence corse de sa jeunesse, il aurait renvoyé Balaschoff sans le voir; mais, gâté depuis longtemps par la fortune, et ne ménageant plus personne, espérant peut-être aussi obtenir d'utiles renseignements sur l'armée russe, il ne daigna pas se contraindre. Balaschoff, invité par lui à dîner, subit coup sur coup les questions et les apostrophes les plus offensantes pour le czar, pour la nation russe, dont l'Empereur semblait déjà tenir la destinée dans ses mains, et même pour les lieutenants et les conseillers d'Alexandre. Napoléon parlait du czar comme d'un jeune homme sans expérience, mené par des intrigants et des scélérats. « Qu'est-ce que votre empereur fait à la tête de ses armées? dit-il; qu'il demeure tranquille dans sa capitale, pour gouverner ses États; quant à moi, c'est différent; je fais mon métier. » (Paroles singulières et qui montrent bien qu'il ne se croyait pas aussi affermi sur son trône qu'on le proclamait en son nom dans toute l'Europe.) Enfin à un dernier trait, comme il demandait par quelles routes on pouvait aller à Moscou, le Russe irrité lui répliqua qu'il y en avait plusieurs, et que l'une d'elles passait par Pultawa : allusion prophétique à la défaite de Charles XII. Ce fut le terme de l'entretien. Balaschoff se retira, emportant pour le czar une lettre pleine de récriminations, et la certitude que la plupart des chefs de l'armée française étaient las de la guerre. Sa mission était remplie.

L'empereur et son état-major à Wiasma. — 30 août.

Cependant les opérations militaires continuaient. L'armée, à peine séchée après le violent orage du 29 juin, reprit péniblement sa marche : faute de magasins, chaque régiment était obligé d'envoyer des détachements qui pillaient et dévastaient tout le pays, déjà pauvre et stérile. Outre Kowno et Pilony, où Napoléon et Eugène Beauharnais avaient passé le Niémen avec la masse principale des troupes françaises, Jérôme, roi de Westphalie, était chargé de franchir le Niémen dans sa partie supérieure, à Grodno. Il faisait face à Bagration, et avait ordre de ne tenter le passage que le 29 juin, c'est-à-dire cinq jours plus tard que ses compagnons d'armes. Le dessein de Napoléon était de pousser brusquement Davoust sur Bagration pour le séparer de Barclay de Tolly et lui couper la retraite pendant que Jérôme, arrivé le dernier au Niémen, passerait la rivière et s'avancerait à marches forcées sur Bagration. Celui-ci, coupé au nord et à l'est par Davoust, à l'ouest par le roi de Westphalie, n'avait d'autre asile au sud que les marais de Pinsk, tourbière fangeuse d'une immense étendue, où l'on a tracé à grand'peine quelques sentiers avec des fascines. C'eût été merveille si les Russes, très-inférieurs en nombre, même à la seule armée de Jérôme, avaient pu se tirer de ce mauvais pas. Napoléon comptait sur quelque succès prodigieux comme la capitulation d'Ulm.

Par malheur, l'étiquette se jeta au travers de l'entreprise. Un roi, naturellement, et surtout un frère de Napoléon ne pouvait pas obéir à un simple maréchal, ni commander un corps d'armée peu nombreux. Jérôme, quoique très-brave au feu, aimait ses aises et ne sentait pas le prix du temps. Il aurait dû passer le Niémen le 29 juin. Il attendit le lendemain. Il aurait dû pousser vivement Bagration ; il s'arrêta à Grodno, fut accueilli avec enthousiasme par les habitants, car on ne connaissait pas encore la réponse de Napoléon aux députés de Varsovie, et la Lithuanie était pleine d'ardeur ; il fit danser les Polonaises, il déploya cette grâce charmante que les courtisans déclaraient innée dans la famille Bonaparte. Enfin il perdit trois jours et laissa échapper Bagration, que Davoust seul ne pouvait pas arrêter.

Le Géorgien, à peine averti que nos troupes marchaient sur Wilna et qu'il fallait rejoindre Barclay de Tolly sur la Dwina, vers le nord, ne perdit pas de temps, et se mit en marche sur Drissa ; il avait environ cinquante mille hommes, parmi lesquels dix mille cosaques, et à leur tête le célèbre hetman Platoff, qui fut, pendant cette campagne, notre plus redoutable ennemi.

Mais déjà la route était fermée. Davoust, plus prompt que Jérôme, accourait à marches forcées. Son corps, réduit à deux divisions (le reste était demeuré à Wilna, sous la main de Napoléon), et flanqué de sept ou huit mille cavaliers, était de trente mille hommes environ. C'était assez (sous un tel chef) pour arrêter Bagration, si Jérôme était arrivé à temps. Davoust marcha rapidement vers le sud, de Wilna sur Ochmiana, Molodeczno et Minsk, où il fit halte, attendant des nouvelles et amassant des vivres. Dans ce pays presque sauvage, dont nos soldats ne comprenaient pas la langue, les renseignements étaient rares et incertains.

Un ancien ambassadeur de France en Russie, M. de Bourgoing, adjudant-major en 1812, raconte qu'il fut choisi pour interprète d'une division, et devint un personnage important, parce qu'il savait quelques mots de polonais et surtout parce qu'il entendait l'allemand. Les diverses nations qui fournissaient leur contingent à cette armée étaient aussi étrangères l'une à l'autre qu'à l'ennemi.

Autre accident. La dévastation et le pillage qui marquaient partout le passage des troupes, faisaient fuir tous les habitants, excepté les juifs. Ceux-ci, toujours prêts à faire commerce, n'importe de quoi, étaient la seule ressource de l'armée, ressource précieuse et trop peu ménagée. Pour prix de leurs services, ils recevaient souvent des coups de crosse ou des outrages encore plus cruels. Ils étaient la proie des maraudeurs. De plus, soit inexplicable sympathie pour le gouvernement russe, soit, ce qui est plus vraisemblable, haine séculaire contre les Polonais, ils servaient les Russes et trahissaient la Pologne.

Sur leurs rapports et sur ceux des Lithuaniens, qui exagéraient la force déjà très-redoutable de l'armée de Bagration, l'intrépide Davoust se sentit ébranlé et se plaignit vivement à Napoléon d'être laissé seul devant l'ennemi. L'Empereur, à qui ce retard faisait craindre que Bagration n'échappât, écrivit à son frère, dans les termes les plus vifs, de hâter sa marche et ordonna qu'en cas de bataille, le commandement réel des deux camps serait remis à Davoust. Disposition tardive, que la vanité blessée de Jérôme rendit funeste.

Celui-ci, d'ailleurs, était fort mal à l'aise. Napoléon, trop pressé de surprendre les Russes, et habitué à exiger des efforts surhumains, ne s'occupait pas de l'état des routes et de l'approvisionnement de l'armée. Ayant donné des ordres, il voulait être obéi. Que l'obstacle vînt de la nature des choses ou de l'incapacité des hommes, il s'en prenait toujours à ses lieutenants. Jérôme, chargé d'un commandement au-dessus de ses forces, s'attardait à Grodno, et poussait son armée sur la route du Dniéper, sans la faire avancer beaucoup. C'est dans le bassin supérieur de ce fleuve que devait se décider le sort de Bagration. Qu'il fût prévenu par Davoust et Jérôme, comme le voulait Napoléon, et, serré entre eux comme entre les deux dents d'une fourche, avant d'avoir passé le Dniéper, et la guerre était décidée par un coup de foudre, ou du moins la seconde armée russe, faite prisonnière, laissait aux Français un libre passage vers le centre de la Russie.

Pendant que Davoust, comme un chasseur habile, rabattait le gibier sur Jérôme, Bagration (c'est-à-dire le gibier) ne s'endormait pas. Sa retraite au travers de deux armées est un modèle de sang-froid et de fermeté. Ce vieux soldat, aussi inébranlable que son maître Souwarow, voyant la route fermée du côté de la Dwina, prit à l'est le chemin du Dniéper. Derrière lui, et sur ses flancs, galopait l'infatigable Platoff avec ses cosaques, dont les petits chevaux maigres, agiles et sobres, défiaient la poursuite de la grosse cavalerie française et allemande. Passé le Dniéper, les Russes n'avaient plus rien à craindre, car le fleuve lui-même était un obstacle difficile à franchir, et au delà du fleuve s'étendaient les plaines interminables de la Russie, les mêmes où l'armée française se perdit trois mois plus tard.

Dans cette course forcée, Bagration avait un grand avantage. Il connaissait parfaitement le pays, et il avait des magasins de vivres. Jérôme, moins heureux, laissait à chaque pas des traînards. Entre le 30 juin et le 12 juillet, il avait perdu un tiers de son armée sur la route de Grodno à Neswij. Le reste était très-fatigué. On reconnaissait là le principal inconvénient de la stratégie de Napoléon, qui perdait plus d'hommes par les marches forcées que par les batailles.

C'est au passage de la Bérésina, vers Bobruisk, que l'on comptait arrêter Bagration. La Bérésina, si célèbre depuis, n'était alors qu'un affluent ignoré du Dniéper, et coulait dans une vallée plate, remplie de forêts et de marécages. Bobruisk est une petite ville murée, incapable de soutenir un siége, mais capable de retarder pendant quelques heures le passage d'une armée. C'est vers ce point que convergeaient les trois généraux; Davoust allant du nord-ouest au sud-est, de Minsk par Ighoumen; Jérôme de l'ouest à l'est, c'est-à-dire de Neswij par Ilrouck, et Bagration entre les deux autres.

Un miracle seul pouvait le sauver, et Jérôme fit le miracle. Davoust, impatienté de ces retards, suivant les instructions de Napoléon, prit le commandement des deux corps d'armée et donna l'ordre à Jérôme de le rejoindre à Bobruisk. Le roi de Westphalie, aussi fier de sa dignité royale que s'il eût été le descendant de vingt rois légitimes, s'offensa des prétentions de Davoust, appuyées cependant sur la volonté expresse de Napoléon. Il fit halte, remit le commandement de son corps d'armée à son chef d'état-major, emmena quelques centaines de Westphaliens pour lui servir d'escorte, et prit le chemin de son royaume sans consulter personne. — Premier et funeste effet de la complaisance de Napoléon pour les vieilles coutumes monarchiques. On sacrifiait tout à l'étiquette juste au moment où tout le reste de l'Europe allait y renoncer.

Davoust, ému du départ de Jérôme et redoutant la colère de l'empereur, fit courir après le fugitif; mais il avait trop d'avance et ne reparut pas durant cette campagne. Pendant ces discussions, Bagration passa la Bérésina et marcha sur Mohilew, ville assez importante située sur le Dniéper. Là encore, Davoust, quoique retardé, l'attendait pour lui couper la route.

Le 23 juillet, le Géorgien essaya de forcer le passage. Un ruisseau, la Michowska, bordé d'un moulin et de quelques maisons, séparait les deux armées. Davoust, très-inférieur en nombre (trente mille contre soixante mille), car le corps de Jérôme ne l'avait pas encore rejoint, soutint hardiment le choc des Russes. Six ou sept mille hommes furent tués ou blessés de part et d'autre sans aucun résultat décisif. Davoust garda le champ de bataille; mais son adversaire ne pouvait plus être enveloppé et descendit sur la rive droite du Dniéper jusqu'à Micislaw, où il le passa tranquillement. Grâce à Jérôme, à l'étiquette monarchique, et peut-être aux circonstances, la seconde armée russe était sauvée.

De son côté, Davoust remonta le Dniéper jusqu'à Orcha, pour se rapprocher de la Dwina et de Napoléon. S'il n'avait pas pu prendre Bagration, au moins avait-il retardé sa jonction avec Barclay de Tolly, et donné le temps à l'Empereur de saisir ce dernier.

Kutusoff.

Bagration.

Murat à la Moskowa.

XVI

Marche de la grande armée.

Napoléon, contre son habitude, avait perdu du temps. Trop peu pressé d'abord de quitter Paris et Dresde, puis trop prompt à passer le Niémen, ce qui avait jeté le désordre dans l'armée, il s'arrêta longtemps à Wilna, soit qu'il eût dessein d'y prendre déjà ses quartiers d'hiver, comme on l'a cru, soit qu'il voulût rallier ses troupes, soit aussi que la dysurie dont il était atteint eût diminué son activité. Cette dernière hypothèse, repoussée par des historiens idolâtres qui ne veulent pas que Napoléon ait eu le moindre trait de ressemblance avec les autres hommes, est cependant la plus probable. Du reste, après ce premier bond qui l'avait mis au cœur de la Lithuanie, il avait besoin de respirer.

La guerre de Russie, compliquée d'une guerre d'Espagne, était une faute grave, car Napoléon ne pouvait pas sans danger étendre ses deux bras, l'un vers Cadix et l'autre vers Moscou; le seul moyen de réparer cette faute était de frapper un coup terrible sur les Russes; mais comment rejoindre ces fuyards qui s'en allaient au pas gymnastique, couvrant de mitraille la cavalerie qui les poursuivait, recevant son choc en carrés inébranlables; puis, reprenant leur marche et ne laissant derrière eux ni un canon, ni un fusil, ni un schako, ni un bouton de guêtre, ni surtout un morceau de pain. On reconnaissait leur trace à la lueur des incendies. Les Français, quoique toujours sûrs de vaincre, voyaient avec tristesse ce système de guerre tartare, et, sans prévoir encore l'incendie de Moscou, sentaient par instinct qu'un peuple qui brûle ses maisons pour ne pas en laisser l'usage à l'ennemi, ne se laisse pas abattre par deux ou trois défaites. Quelle différence entre cette expédition et celles d'Iéna ou de Wagram! Là, de ville en ville, d'étape en étape, à travers la grasse, fertile et hospitalière Allemagne, nos soldats trouvaient du vin, de la viande, de la bière, du sel, du pain et même un accueil supportable.

Ici, tout manquait à la fois, excepté la viande dont on fut abondamment pourvu, grâce aux troupeaux qui suivaient la marche des régiments. Les employés des vivres, si nombreux qu'ils auraient pu former, eux seuls, un corps d'armée, ne pouvaient créer des moyens de transport. Leurs voitures trop lourdes s'enfonçaient dans les routes tantôt sablonneuses et tantôt marécageuses de la Lithuanie. Les attelages périssaient faute d'avoine. Balaschoff, allant au-devant de Napoléon vers Wilna, compta dix mille cadavres de chevaux, dont pas un n'avait été tué.

C'est en vain que Napoléon multipliait ses ordres et organisait sur le papier les transports par eau de Kœnigsberg à Kowno et à Wilna. Toute sa prévoyance ne pouvait surmonter les obstacles du climat, du pays et des hommes. Pour faire illusion à l'armée ou peut-être pour lui faire prendre patience, il s'emportait violemment et en public contre les commissaires des vivres. La vieille garde, témoin de ces emportements calculés, souriait, mais n'était pas dupe. — « Les soldats sont aussi fins que nous, disait le général Delaborde, un des plus braves vétérans de l'armée. Ils savent bien qu'il n'y a pas de vin dans la cave. »

Enfin après dix-huit jours qu'il avait employés à recevoir Balaschoff, à écouter la harangue des députés de Varsovie, et à organiser tant bien que mal le gouvernement de la Lithuanie, il marcha de nouveau sur l'armée russe que Barclay de Tolly commandait. A gauche, au delà de Swenziany, deux de ses lieutenants, Oudinot et Ney, peu capables, le premier surtout, d'agir seuls, mais excellents sous sa main, faisaient face au camp de Drissa, situé, comme on l'a vu déjà, dans un coude que forme la Dwina, et défendu par des retranchements. A droite, vers Ouchatch, était Eugène Beauharnais. Entre les deux, à Gloubokoé, Murat, la garde impériale, trois divisions détachées du corps de Davoust, c'est-à-dire le gros et en même temps l'élite de la grande armée.

C'est dans cet ordre qu'on s'avançait, cherchant une bataille décisive. La droite, sous Eugène Beauharnais, devait déborder l'ennemi et le séparer entièrement du bassin du Dniéper, où Bagration faisait alors sa retraite. Une seule défaite des Russes, acculés à la Dwina comme ils l'avaient été à la rivière d'Alle, le jour de Friedland, pouvait amener un carnage immense, la destruction de leur armée, ouvrir la route de Pétersbourg (où déjà tout le monde faisait ses paquets) et, malgré les grandes résolutions annoncées, terminer d'un seul coup la guerre. Si le savant Pfuhl l'avait emporté, tout était fini.

Malheureusement, Pfuhl ne fut pas le plus fort. Tout absolu qu'il paraissait, Alexandre, par caractère et par nécessité, n'était guère que l'instrument des boyards russes. Les soldats lui criaient : « On te trahit, père, nous ne sommes pas faits pour reculer. » Les généraux, oubliant toute discipline, et ne songeant plus qu'au danger de la Russie, lui faisaient les remontrances les plus vives et le suppliaient de partir. L'un d'eux, l'Italien Paulucci, s'emporta au point de dire à un favori du czar : « .... Souvenez-vous que je suis votre supérieur. Si vous me manquez de respect, pour réponse, je vous passerai mon épée au travers du corps. » Alexandre, irrité, renvoya Paulucci à Novogorod d'abord, sur les derrières de l'armée, puis à Pétersbourg ; et enfin, lui rendant sa faveur, il le fit, peu de temps après, gouverneur de Livonie. « Je vous pardonne, lui dit-il, de m'avoir exposé à une sédition ; je vois à présent combien j'avais été trompé. Si je n'étais pas empereur, je voudrais être votre ami. » Générosité vraiment digne d'admiration, car il s'en était fallu de peu que le czar ne subît le sort de Paul Ier.

La hardiesse de cet aventurier sauva l'armée russe. Les autres généraux, encouragés par son exemple, opinèrent dans le même sens. — « Sire, dit Bennigsen, votre présence à l'armée paralyse 50,000 hommes, car il ne faut pas moins pour garder votre personne. » Sur ce mot, qui dut faire trembler, car on savait de quoi celui qui l'avait prononcé était capable, le czar partit pour Moscou, où l'attendait l'enthousiasme le plus vif. C'est là surtout que battait le cœur de la Russie. Alexandre demanda des hommes et de l'argent. Personne ne délibéra. On lui cria : « Prenez tout. » Un grand seigneur, Momonoff, fils d'un ancien amant de Catherine II, donna, lui seul, trois millions. Nobles et bourgeois suivirent cet exemple. Le seul gouvernement de Smolensk offrit 20,000 soldats équipés. On vit alors ce que c'est que de « conquérir, comme dit Paul-Louis Courier, des peuples qui ne veulent pas être conquis. »

C'était le troisième exemple de cette résistance patriotique depuis les guerres de la Révolution. Le premier avait été donné par la France en 1792; le second, par l'Espagne en 1808; le quatrième devait être donné par l'Allemagne en 1813.

Aussitôt le czar parti, Barclay de Tolly, devenu libre de ses mouvements, quitta le camp de Drissa pour n'être pas enveloppé par les Français. En se couvrant de la Dwina contre eux, il se dirigea vers Smolensk, où il espérait joindre Bagration. Smolensk est une ville assez importante, à cheval sur le Dnieper. Entre ce fleuve, qui descend au sud vers la mer Noire, et la Dwina, qui coule au nord vers la mer Baltique, s'étend un plateau, large de vingt lieues environ, dont la crête est le point de partage des eaux des deux mers. C'est sur ce plateau, frontière de la Lithuanie et de la Russie proprement dite, que Napoléon allait poursuivre son adversaire.

Avant tout, il voulut créer à Wilna un immense dépôt de vivres, de soldats et de munitions qui pût ravitailler l'armée pour toute la durée de la campagne. Le vrai gouverneur de Wilna fut Maret, duc de Bassano, son bras droit, ministre des affaires étrangères, qui avait ordre de pourvoir au plus pressé pendant que l'Empereur s'enfoncerait en Russie. Le corps diplomatique qui suivait l'armée par curiosité plutôt que par nécessité, fut invité à se grouper autour de Maret. On se débarrassait ainsi d'un espionnage importun. Cette précaution prise, Napoléon donna le signal du départ.

Après avoir eu un instant l'espérance d'enfermer les Russes au camp de Drissa, il apprit bientôt par ses éclaireurs que Barclay de Tolly remontait la vallée de la Dwina (la cavalerie sur la rive gauche et l'infanterie sur la rive droite), et se dirigeait sur Witepsk, ville frontière de la Lithuanie, dans la direction où il espérait rencontrer Bagration. Napoléon le suivit, laissant à sa gauche vers Polotsk (sur la basse Dwina), Oudinot et Saint-Cyr pour empêcher un retour offensif sur le flanc de la grande armée, et faire face à Wittgenstein, qui se détachait lui-même de l'armée russe avec trente mille hommes et couvrait la route de Pétersbourg.

De Gloubokoé, point de départ de Napoléon, la route traverse le bourg de Kamen, puis la rivière de l'Oula, affluent de la Dwina, rejoint celle-ci à Beszinkowiczi et s'avance par Ostrowno sur Witepsk, où les Français s'atten-

Bataille de la Moskowa.

daient à une grande bataille. Sauf quelques ravins sur lesquels on a construit des ponts, cette route, large, commode, plantée de bouleaux, est favorable aux évolutions de la cavalerie. Aussi, Murat qui commandait l'avant-garde, ne se lassait pas de faire le coup de sabre avec les Cosaques de l'arrière-garde russe; funeste manie d'éblouir les spectateurs, qui devait harasser les chevaux et coûter cher à notre cavalerie; mais Napoléon, quoique mécontent, n'aurait pas voulu se priver des services de Murat le jour de la bataille décisive, et n'osa le traiter comme son frère Jérôme.

Un seul combat important marqua cette longue marche, que la chaleur, aussi forte en cette saison dans la Lithuanie qu'à Naples même, rendait très-pénible pour nos soldats. En avant d'Ostrowno, le 25 juillet, à quelques lieues de Witepsk, on rencontra la cavalerie russe qui faisait l'arrière-garde, accompagnée d'une nombreuse artillerie. Voir l'ennemi, le charger et le mettre en fuite, fut pour Murat l'affaire d'un moment; mais, à peine arrivé sur une éminence, il aperçut un corps russe tout entier, celui d'Osterman-Tolstoï qui avait recueilli les fuyards, et qui attendait, massé dans la plaine entre la Dwina et les coteaux boisés qui la bordent, le choc de l'armée française. Sans s'arrêter, Murat poussa droit à cette infanterie, qui tint bon toute la journée et se battit avec une grande intrépidité. Nos fantassins, qui n'avaient pu suivre le trot de la cavalerie, forçaient le pas pour rejoindre et aborder l'ennemi à la baïonnette; mais ils n'arrivèrent qu'à la nuit. Murat, irrité d'avoir manqué sa proie, s'emportait contre sa cavalerie, qui n'avait pas fait son devoir, disait-il. Le brave Nansouty, qui commandait les cuirassiers, lui répliqua : « Nos chevaux n'ont pas de patriotisme. On ne peut pas les faire marcher sans foin et sans avoine. Nos hommes, à la bonne heure! Ceux-là n'ont pas besoin de boire et de manger pour se battre! » Il est certain que les maladies, la mauvaise nourriture et la fatigue faisaient six fois plus de vide dans nos rangs que le sabre et la mitraille.

Pendant la nuit, Ostermann fit sa retraite sur Witepsk, toujours poursuivi par les Français, et fut relayé dans son rôle d'arrière-garde par Konownitsyn. Derrière eux, couverte par une petite rivière, la Loutcheza (affluent de gauche de la Dwina), à une demi-lieue de Witepsk, se tenait l'armée russe tout entière, ayant à sa tête Barclay de Tolly, qui paraissait décidé à livrer bataille. On escarmoucha pendant quelques heures sans grande perte de part et d'autre (1), et chacun réserva ses forces pour la journée du lendemain.

Cette fois, Napoléon se croyait sûr de la victoire. Il avait sous la main Murat et Ney, « son sabre et sa lance »; Eugène Beauharnais et la garde accouraient

(1) Deux compagnies d'infanterie, enveloppées un instant par la cavalerie russe, se pelotonnèrent à l'extrémité de la plaine, derrière quelques buissons, reçurent à la baïonnette plusieurs charges sans se rompre et excitèrent l'admiration des deux armées et de Napoléon lui-même. Les deux compagnies étaient entièrement composées de Parisiens.

pour le rejoindre; Barclay de Tolly semblait l'attendre complaisamment. Déduction faite des corps détachés, des traînards, des déserteurs, des malades, des morts, des mourants et des « *disparus* », il lui restait environ cent vingt mille soldats éprouvés, les plus solides de l'armée, et les Russes n'en avaient pas cent mille.

Barclay de Tolly était fort inquiet. Il n'était pas général en chef; il en faisait seulement les fonctions à titre de ministre de la guerre; mais il était responsable de tout, quoique fort mal obéi, et l'armée russe, honteuse et furieuse de reculer, rejetait sur lui tous les malheurs de la retraite. Bennigsen, le vaincu de Friedland, qui se vantait d'être le vainqueur d'Eylau, accusait hautement la lâcheté de l'Écossais (car on faisait de tout un crime à Barclay, même de son nom, quoiqu'il fût né en Livonie); il convoitait sa succession. Si l'on songe qu'Alexandre avait consenti à être le parrain du fils de Bennigsen, le principal meurtrier de son père, on ne trouvera pas que ce vieux et téméraire soldat eût tort de prétendre au commandement de l'armée.

Barclay de Tolly, qui connaissait ces intrigues et qui en craignait l'effet, était donc près de céder à la clameur universelle et de livrer bataille le 27 juillet, lorsqu'il apprit tout à coup que Bagration, échappant, comme on l'a vu, à Davoust et à Jérôme, avait passé le Dniéper au-dessous de Mohilew et marché par la route de Micislaw sur Smolensk, où il lui donnait rendez-vous. Dès lors, le plan de campagne de Napoléon était manqué; les deux armées russes allaient se réunir.

Barclay donna sans hésiter le signal de la retraite. Une forte arrière-garde, composée surtout de Cosaques, eut ordre de protéger les derrières de l'armée, de brûler Witepsk et de suivre la route de Smolensk. Les Russes marchèrent toute la nuit. Le matin, Murat, qui était venu bivouaquer à portée de pistolet de peur de perdre sa part de la bataille, se frotta les yeux. La plaine était déserte. En cherchant avec soin, l'on trouva un soldat russe endormi derrière un buisson. Tous les autres étaient déjà loin, et la moitié de Witepsk était en flammes.

L'armée fut découragée. Elle avait cru d'abord n'avoir plus qu'à donner un de ces grands coups de collier dont on avait pris l'habitude sous Napoléon, et maintenant elle entrevoyait une guerre plus longue et plus impitoyable. Murat s'élança au galop sur la trace des fuyards. Peine inutile. Personne n'avait vu passer cette armée de cent mille hommes. Napoléon même monta à cheval, courut aux avant-postes, et, devinant la triste vérité, rentra désappointé dans Witepsk. Il reconnut ce jour-là le bon sens de Lannes, qui lui disait en 1807 : « A force de battre ces gens-là, nous leur apprendrons l'art de vaincre. » Berthier, son chef d'état-major, était consterné. Tout le monde avait perdu l'espoir de finir la guerre en une seule campagne, et déjà l'on craignait les ennuis d'un hiver russe.

Napoléon les craignait plus que tout autre, ayant la vue plus longue et plus perçante; mais il n'en fit rien paraître, sachant trop bien son métier d'empereur et de général d'armée pour ne pas dissimuler. Qui donc aurait eu confiance, s'il avait montré quelque inquiétude?

Il ordonna de faire halte pour rallier l'armée, car la marche de Wilna à Witepsk n'avait pas été moins meurtrière que celle de Kowno à Wilna. On ne voyait que traînards, mourants, pillards et déserteurs sur toutes les routes. Les Allemands, les Espagnols, les Portugais, les Italiens désertaient en foule; les Polonais eux-mêmes (surtout les soldats de nouvelle levée) s'enfuyaient par bandes et rentraient dans leurs foyers. Peu de vivres, de longues marches, une chaleur accablante, et la dyssenterie, qui fit périr douze ou quinze mille hommes, voilà ce qui avait réduit des deux cinquièmes cette redoutable armée; sur un espace de vingt lieues, à droite et à gauche de nos colonnes, tout le pays était ruiné, dévasté, brûlé.

Qui accuser? Personne, si ce n'est l'imprudence de Napoléon lui-même. Pour aller à Pétersbourg et à Moscou, à huit cents lieues de Paris, il fallait avoir avec soi l'Allemagne, des communications assurées, des renforts continuels, et la paix avec l'Espagne. Or, l'Allemagne était si peu sûre, qu'Augereau, de son quartier général de Berlin, la gardait avec une garnison de cent cinquante mille hommes, que le corps autrichien et le corps prussien étaient, à notre droite et à notre gauche, plutôt comme otages que comme auxiliaires; et en Espagne, bien loin d'avoir la paix ou une frontière assurée, au moment même où Napoléon marchait sur Witepsk, Wellington remportait sur Marmont la victoire de Salamanque (22 juillet 1812).

Mais comment reculer? Après le passage du Niémen, il fallait vaincre ou périr. L'Europe frémissante ne pouvait être contenue que par des victoires nouvelles, et même par des victoires éclatantes, un Austerlitz ou un Iéna, par exemple. Un Wagram n'aurait pas suffi, tant la haine des peuples allait croissant chaque jour. Napoléon vit bien qu'il était impossible de prolonger cette halte. Après avoir ordonné qu'on formât des magasins, — ordre plus facile à donner qu'à exécuter, — après avoir fait fusiller quelques pillards pour l'exemple, et passé de nombreuses revues, il donna l'ordre du départ. Witepsk ne lui suffisait plus. Il comptait atteindre l'ennemi à Smolensk.

XVII

Prise de Smolensk. — Valoutina.

A ce moment, Davoust l'avait rejoint. Revenu, après l'inutile et glorieux combat de Mohilew, de la poursuite de Bagration, il avait remonté le Dniéper, vers Orcha, pour se joindre à la grande armée, dont il allait former l'aile droite. Peut-être aurait-il pu prévenir Bagration sur la route de Smolensk et enlever cette ville murée, mais privée de garnison; mais il ignorait tout de l'ennemi. Le cosaque Platof, coureur infatigable, galopait sans cesse avec ses escadrons en avant de notre armée, couvrait comme d'un rideau les manœuvres des Russes, et faisait craindre à tout moment que toute leur armée ne se trouvât derrière lui, prête à écraser Davoust.

Dans le doute, celui-ci se borna donc à rejoindre son chef, à s'établir solidement sur le Dniéper, dans la petite ville d'Orcha, qui est située au point où le

Vue prise sur le champ de bataille de la Moskowa.

fleuve qui coulait jusque-là, d'orient en occident, descend tout à coup du nord au sud. Les Polonais et les Westphaliens, abandonnés par Jérôme, avaient rejoint Davoust, et sa cavalerie communiquait sur la gauche avec Napoléon, qui, de Witepsk à Orcha, c'est-à-dire du nord au sud, occupait toute la largeur du plateau qui sépare la Dwina du Dniéper. Eugène Beauharnais, en avant de Witepsk, était cantonné à Sourage et appuyé à gauche sur la Dwina. Au centre, vers Liosna et Roudnia, étaient le maréchal Ney et Murat. A droite, vers Orcha et Rassassna, était Davoust, appuyé sur le Dniéper, comme Eugène Beauharnais sur la Dwina. Devant eux étaient Barclay de Tolly, formant l'aile droite et le centre des Russes, et Bagration, nouvellement arrivé, qui formait l'aile gauche et couvrait Smolensk. Une petite rivière, la Kasplia, coulant à travers les bois et les marais, séparait les deux armées.

Cette fois, une bataille paraissait inévitable, les deux partis ayant réuni toutes leurs forces. Pendant que Napoléon, du 28 juillet au 10 août, séjournait à Witepsk, l'armée russe, trompée par son inaction ou pressée d'en venir aux mains, fit une tentative sur nos avant-postes, assez mal gardés, soit parce que la moitié de la cavalerie était occupée à fourrager, soit parce que nos généraux, habitués à commencer l'attaque, ne croyaient pas qu'on pût jamais les prévenir et leur offrir le combat. Sébastiani se laissa surprendre à Inkowo, comme il lui était arrivé plus d'une fois en Espagne, où Napoléon, qui n'était pas pourtant un grand faiseur de calembours, disait qu'il le faisait *marcher de surprise en surprise*. Montbrun, le premier de nos cavaliers après Murat, accourut au galop et chargea quarante fois les Russes avec une impétuosité et une persévérance admirables; mais il fut forcé de se replier sur le gros de l'armée.

Pendant ce temps, Napoléon s'apercevant que les Russes couvraient Smolensk sans l'occuper, et sentant la nécessité de terminer la campagne par quelque victoire éclatante ou décisive, poussait rapidement son armée de gauche à droite, de la Dwina au Dniéper, par Liosna, Babinowiczy, Rassassna et Liady. C'est là qu'il voulait passer le fleuve, suivre la rive gauche, surprendre Smolensk, attaquer l'armée russe par derrière, couper ses communications avec Pétersbourg au nord et Moscou à l'est, la réduire à combattre, et, si elle était vaincue, la faire prisonnière. S'il avait réussi, la paix était inévitable, car la principale armée russe n'existant plus, la résistance serait devenue impossible. Tchitchagoff au sud et Wittgenstein au nord n'auraient plus été que des tronçons mutilés et peu dangereux.

Six ponts furent jetés à la fois sur le Dniéper (quatre à Rassassna et deux à Liady), et toute l'armée, c'est-à-dire environ 180,000 hommes, y compris le corps de Davoust, passa le 13 et le 14 août sur la rive gauche, et courut à marche forcée sur Smolensk, qu'on espérait surprendre.

Smolensk est une des portes de la vieille Russie. Située dans la vallée supérieure du Dniéper, qui est guéable en été au-dessus et au-dessous de la ville, elle est, avec Moscou, Kiew et Novogorod, une des villes saintes de l'empire. Autrefois, c'était une république florissante, comme toutes les républiques. Elle eut, dit-on, jusqu'à deux cent mille habitants; puis elle fut conquise par les grands-ducs de Kiew et dépérit entre leurs mains. Le grand-duc de Lithuanie la prit à son tour, puis le roi de Pologne, et enfin le czar Alexis Romanoff. Dans cette plaine immense, où la nature n'a pas mis de frontière naturelle, une ville murée comme Smolensk en tenait lieu. C'était la borne du champ; aussi est-elle arrosée de sang russe et polonais; mais enfin les Russes l'emportèrent, et commencèrent par elle à entamer la Pologne. En 1812, sa prospérité allait renaître. La population et l'industrie augmentaient rapidement. Par malheur, sa situation stratégique et ses épaisses murailles devaient attirer l'attention de Napoléon et de Barclay de Tolly. Elle devait servir de point d'appui à l'un ou à l'autre.

Entre Liady et Smolensk, la cavalerie française s'avançait pour éclairer la route à travers une large plaine, couverte d'épis à demi fauchés, lorsqu'en avant de Krasnoé, petit village de cinq cents âmes, elle rencontra la division russe de Névéroffskoï, laissée là par Bagration, et chargée d'observer Davoust. Névéroffskoï, quoique surpris, se défendit avec une vigueur extraordinaire. Le peu de cavalerie qu'il avait fut haché. Son infanterie (quatre ou cinq mille hommes) se forma en carré et recula lentement vers Smolensk, sans se rompre ni se laisser entamer par Murat, que l'infanterie de Ney n'avait pas encore rejoint. Vers Korytnia, la fatigue des combattants interrompit la poursuite. Murat s'arrêta pour attendre le gros de l'armée, et le brave Névéroffskoï, sans tarder, courut à Smolensk après avoir annoncé à Bagration l'approche des Français.

Bagration, posté sur l'autre rive et à quelque distance, entendit le bruit de la fusillade et de l'artillerie, et devina le danger de son lieutenant. Sans perdre une minute, il avertit Barclay de le suivre, et remonta à toute vitesse la rive droite du Dniéper. Barclay de Tolly ne montra pas moins d'activité. « De Witepsk à Smolensk, écrivait un officier russe, nous sommes venus en une seule marche, c'est-à-dire que nous avons marché deux jours et une nuit en ne nous arrêtant que pour nourrir nos chevaux. Il m'est arrivé le 14 (août) ce qui n'était pas encore arrivé depuis que je sers : c'est de marcher vingt-quatre heures juste, à cheval, sans boire, manger, ni dormir. » On ne sait ce qu'il faut le plus admirer, de la vigueur des hommes ou de celle des chevaux.

Au reste, tant d'efforts ne furent pas perdus. Au moment même où l'avant-garde française, partie de Korytnia, apercevait les clochers de Smolensk, l'armée russe entrait dans la ville par la rive droite, et venait occuper les faubourgs de la rive gauche, en dehors des murailles. Névéroffskoï, par sa résistance, avait sauvé non pas Smolensk, qui fut perdu deux jours après, mais l'armée russe et la Russie tout entière, qui étaient ce jour-là le prix de la course. Du reste, les Français n'avaient aucun reproche à se faire. La cavalerie était dans un état pitoyable. Beaucoup de cavaliers, démontés par la mort de leurs chevaux, suivaient à grand'peine le gros de la troupe, portant sur leur dos tout leur équipement. Les chevaux du pays, petits et maigres, remplaçaient mal ceux qu'on avait fait venir d'Allemagne, et encore n'en trouvait-on guère. Les juifs disparaissaient et avec eux tout commerce. L'infanterie, faute de magasins et de moyens de transport, portait elle-même ses vivres, trop heureuse encore quand elle avait quelque chose à porter. Les souliers étaient usés (au mois d'août!); que serait-ce donc en hiver? La prévoyance si vantée de Napoléon n'avait rien préparé. Habitué à vivre sur le pays conquis, il n'avait pas cru que les Russes détruiraient tout sur son passage.

Cependant la vue de Smolensk calma toutes les souffrances et ranima tous les courages. Là étaient la fin de nos peines, la bataille décisive et la paix. On le croyait du moins.

La ville de Smolensk, bâtie entre deux rangs de coteaux peu élevés, qui longent les deux rives du Dniéper, est entourée, sur la rive gauche seulement, d'une épaisse muraille de briques, blanchie à la chaux, au delà de laquelle s'étendent, sur la rive gauche, des faubourgs aussi considérables que la ville même. C'est dans ces faubourgs qu'était postée l'avant-garde russe. Ney, arrivé le premier, prit la gauche le long du Dniéper, vers le faubourg de Krasnoé; Poniatowski et les Polonais firent face aux faubourgs de droite, et Davoust, au centre, menaça ceux du centre. La cavalerie, inutile dans un assaut, galopait le long du Dniéper, cherchant un gué.

Trente mille Russes devaient défendre la ville. Le reste, sous les ordres de Barclay de Tolly et de Bagration, posté sur les coteaux de la rive droite, allait être simple spectateur du combat, car le général russe ne voulait pas engager à fond son armée, même pour sauver Smolensk. Il attendait que l'armée française, déjà bien affaiblie par les marches et les privations, le fût encore davantage.

Du côté des Français, plusieurs généraux pensèrent que l'assaut était une opération sanglante et inutile. La prise de Smolensk n'avait en soi aucune importance. Ce qu'il fallait, c'était joindre et battre l'armée russe; le reste n'était qu'un massacre sans but. « Il veut toujours prendre le taureau par les cornes! disait le vieil Éblé en parlant de Napoléon. Comment n'envoie-t-il pas les Polonais passer le Dniéper à deux lieues au-dessus de la ville? » L'opinion d'Éblé, général du génie, était d'une grande importance, car il n'y avait pas dans toute l'armée d'officier plus intrépide et plus expérimenté; il le montra bien dans la retraite, au passage de la Bérésina. Mais Napoléon aussi avait ses raisons, moins militaires que politiques.

Plus il était redouté et respecté, plus il devait craindre un échec. Hésiter, pour lui, c'était perdre l'ascendant des armes, rendre le courage à ses ennemis, soulever l'Europe. Plus il était haut dans l'opinion des peuples, plus la chute eût été profonde et sans remède. Il n'avait pas le droit de perdre une bataille, ni de reculer d'un pouce sur le terrain. Pour avoir, trois ans auparavant, manqué le passage du Danube à Essling, il avait failli tout perdre. Allait-il s'arrêter à Smolensk et recommencer Essling?... C'est pourquoi, sans plus tarder, ayant fait le 16 août ses reconnaissances, il ordonna l'assaut le 17.

Des bois épais, des ravins et des monticules cachaient la ville aux Français. On ne distinguait que les coupoles des églises, et l'artillerie tirait au juger. Le mur d'enceinte était crénelé pour faire place à l'artillerie des Russes. En avant, dans les cinq faubourgs, se tenaient leur infanterie et leur cavalerie, environ trente mille hommes.

On a peine à s'expliquer la bataille qui suivit. Peut-être Barclay de Tolly voulait-il avoir le temps de sauver ses magasins et brûler la ville avant son départ. Peut-être aussi, ayant à reculer encore, voulait-il se justifier par avance du soupçon de lâcheté. Quels que fussent ses motifs, il n'essaya pas de sauver Smolensk ou de la défendre sérieusement. Il fit tuer des hommes, voilà tout.

Pont de la Kolotcza, près de Borodino. — 17 septembre.

Du reste, le massacre fut horrible. Les Russes, postés en dehors de l'enceinte, soutinrent avec vigueur le choc des Français et furent forcés de rentrer dans la ville sous la protection des batteries du rempart. Là, à leur tour, ils ripostèrent avec avantage sur nos soldats forcés de s'avancer à découvert dans

Borodino, près la route de Moscou.

les faubourgs. A droite de Poniatowski, sur les bords du Dnïéper, une batterie française de soixante canons tira sans relâche, tantôt sur le pont qui joint la rive droite à la ville, dont on ne voyait que l'extrémité, et tantôt sur le gros de l'armée russe massée à découvert sur la rive opposée. Une autre batterie essaya de faire brèche dans l'enceinte. Peine perdue : elle avait dix huit pieds d'épaisseur. Alors on lança par-dessus les murs des obus qui mirent le feu à la ville et tuèrent beaucoup de soldats entassés dans les rues. D'autres, qui n'étaient que blessés, périrent dans l'incendie. Vers dix heures du soir, les deux armées, également fatiguées, commencèrent à dormir. Dans la ville et au dehors on n'entendit plus que le pétillement de la flamme et le bruit des maisons brûlées qui s'écroulaient. Napoléon, poëte à ses heures, comparait dans son bulletin cet incendie à une éruption du Vésuve. Pour comble de poésie, vingt mille hommes des deux côtés étaient tués ou blessés.

Quelques heures après, Barclay, n'espérant plus prolonger la défense, rappela ses troupes sur la rive droite et brûla le pont sur pilotis. Mais les eaux du fleuve étaient basses à cause de la grande chaleur, ce qui rendait sa précaution inutile. Une brigade de cavalerie traversa le Dniéper pendant que Ney faisait construire deux ponts, pénétra dans le faubourg de la rive droite, et fut ramenée sur le bord de la rivière. L'infanterie vint bientôt la secourir, et après quelques heures d'un combat qui n'avait pour but que d'assurer leur retraite, les Russes s'éloignèrent en bon ordre.

La prise de Smolensk causa une émotion profonde en Russie. « On ne s'occupe plus à Pétersbourg, disait Joseph de Maistre, que de compter les verstes de Smolensk à Moscou par la grande route. » Et, en effet, il n'y avait pas une seule ville fortifiée à prendre ni une seule grande rivière ou montagne à traverser sur cette route de quatre-vingt-quinze lieues. Barclay de Tolly, déjà si décrié dans l'armée et dans l'opinion publique, fut accusé de tous les malheurs de la nation. On répandait le bruit qu'il aurait pu sauver Smolensk, que le général Doctoroff, chargé de garder la ville, avait offert de tenir pendant dix jours, mais que Barclay, par lâcheté ou trahison, avait ordonné de l'abandonner. L'hetman des Cosaques, Platof, déclara publiquement à Barclay que l'uniforme russe était déshonoré et qu'il ne voulait plus le porter. Il est pourtant vrai que Barclay avait fait son devoir, qu'il avait évité tous les piéges de Napoléon, qu'il gagnait du temps, qu'il ne s'était pas laissé battre, qu'il n'avait sacrifié que des arrière-gardes, et qu'enfin, par ses manœuvres, il attirait les Français dans l'intérieur de l'empire, ce qui était le plus grand malheur qui pût leur arriver.

Mais comme on avait besoin d'un bouc émissaire, le sort tomba sur Barclay. En revanche, on vanta partout le courage, l'habileté, le génie du général Kutusoff, qui venait de terminer la guerre de Turquie, et qui était le favori de la nation. Ce vieux borgne, trop pesant pour se tenir à cheval, trop affaibli de corps pour veiller pendant la nuit, déplaisait personnellement au czar, et n'était connu que par deux grandes batailles, Austerlitz et Routchouck, dont il avait perdu l'une contre Napoléon et gagné l'autre sur les Turcs.

Tel était le héros de la Russie. Mais ce gros homme avait toute la finesse de son pays et il allait arriver à point. Plus tôt, il eût été forcé de reculer sans combat comme Barclay, et eût été décrié comme lui. Lorsque Alexandre, forcé par le cri public, lui offrit le commandement, Kutusoff fit ses conditions. Le grand-duc Constantin, qui criait et s'emportait contre tous les généraux, plus hardi dans le palais que sur les champs de bataille, fut rappelé à Pétersbourg, « attendu, disait Kutusoff, que le général en chef ne pouvait le récompenser s'il faisait bien, ni le punir s'il faisait mal. » On croit entendre Vendôme, à l'armée de Flandre demander à Louis XIV le rappel de son petit-fils le duc de Bourgogne.

Du reste, Kutusoff pouvait se montrer hardi. Tout le monde était pour lui; — le public, l'agent anglais Wilson (qui joua un grand rôle dans cette petite sédition militaire et fut, comme le disait le czar lui-même, l'ambassadeur des rebelles), l'armée, l'impératrice mère, vieille femme impérieuse qui croyait avoir le génie de Pierre Ier, la czarine régnante Élisabeth, douce, aimable et pieuse Allemande qui était à genoux devant son mari, et jusqu'à la maîtresse favorite de celui-ci, la belle Antonia Narischkine, chez qui le czar passait la plus grande partie de son temps. La mère, la femme et la maîtresse étant d'accord entre elles et avec le public, Alexandre remit solennellement à Kutusoff le commandement en chef de l'armée. « Le souverain et la patrie, dit-il, vous décernent cet honneur. »

Ce changement est du 20 août, deux jours après la prise de Smolensk, qu'on ignorait encore à Pétersbourg. Pour comble de disgrâce, Barclay de Tolly, devenu simple chef de corps, pouvait lire dans l'ukase qui nommait son rival « que l'armée russe n'avait pas agi avec toute l'activité possible et qu'on ne voulait pas examiner les causes de cette lenteur. »

Le 21 août 1812, Kutusoff partit de Pétersbourg. Avant de sortir de sa maison, il se prosterna sur le plancher, le baisa en pleurant, pria Dieu avec ferveur, et dit à sa femme en l'embrassant : « Nous nous reverrons heureux ou jamais. » Il faut remarquer qu'en temps ordinaire il faisait profession d'athéisme. Cependant, comme le sort de la Russie était dans ses mains, on ne peut guère douter de sa sincérité. C'est le cas de répéter le mot de Joseph de Maistre : « Il n'y a de viril chez le Russe que la baïonnette; tout le reste est enfant. »

Du reste, sa piété de fraîche date ne lui faisait pas oublier les précautions de la prudence humaine. Il eut soin, avant toute chose, de se débarrasser des importuns. Paulucci voulut le suivre et s'offrit comme chef d'état-major. Kutusoff promit de l'appeler dès qu'il serait à l'armée, et se moqua de lui. Le Suédois Armfeld fut chassé du camp. Il ne restait que trop de donneurs de conseils; Benningsen et Bagration surtout, qu'on ne pouvait pas éliminer à cause de leur grande réputation militaire. Benningsen fut chef d'état-major.

Kutusoff arriva le 29 août à Tcharéwo-Zaimiché, petit village entre Giat et Wiasma, et prit sur-le-champ possession du commandement; mais déjà l'armée russe était loin de Smolensk.

Aussitôt après l'entrée des Français dans la ville, Napoléon lança ses cavaliers sur toutes les routes pour suivre l'ennemi; mais, par un hasard très-extraordinaire, et qui ne fut pas le seul de cette campagne, on perdit, pendant quelques heures, la trace des Russes. Barclay, pour éviter le feu des batteries françaises, qui, de la rive gauche du Dniéper, commandaient la rive droite et auraient pu gêner sa marche, s'avisa de prendre la route de Pétersbourg et de revenir ensuite sur celle de Moscou, qui suivait la vallée du Dniéper. Pendant ces tâtonnements, l'avant-garde française faillit le surprendre et s'emparer des hauteurs de Valoutina, ce qui l'aurait séparé de Bagration, déjà parti le premier. Barclay accepta le combat, en s'adossant à des bois et s'appuyant, à droite et à gauche, sur des marais. Ney l'attaqua de front avec Murat; mais Junot, chargé de tourner la position des Russes, demeura immobile, et Barclay, favorisé par le nombre et par l'avantage du terrain, disputa vigoureusement la victoire. Enfin, après des efforts héroïques, on l'obligea de se retirer; mais la division Gudin, l'une des meilleures et des mieux commandées de toute l'armée, perdit un tiers de ses soldats, et son chef. Junot, plus malheureux peut-être, fut privé de son commandement, qu'il n'était plus en état d'exercer, car déjà se montraient en lui les premiers symptômes de cette folie dont il mourut, l'année suivante, en Illyrie, et qui était la suite de ses blessures. On le chargea de veiller sur les derrières de l'armée.

Après le combat de Valoutina, qui est du 19 août, Napoléon, averti, vint visiter le champ de bataille, distribuer les croix, faire enlever les blessés, et rentra dans Smolensk, incertain, pour la troisième fois, de ce qu'il allait faire. L'armée, lassée de ces marches continuelles, aspirait au repos. La Pologne était conquise; il fallait l'organiser et remettre Moscou à l'année suivante. C'était l'avis de tous, et surtout des généraux. « Voilà une belle tête de cantonnement, » dit Lobau, aide de camp de Napoléon, en montrant Smolensk; mais l'Empereur le regarda d'un air sévère et garda le silence. Au fond, il était mécontent. Il n'avait pas terminé la campagne par une victoire éclatante. Le *cadavre* seul de Smolensk lui restait. Les habitants avaient fui. Les deux tiers de la ville étaient brûlés. Ce n'était pas un trophée digne de lui.

Il continua donc la poursuite, et prit la route de Moscou. Ici, l'aspect du pays commençait à changer. Les champs étaient mieux cultivés qu'en Lithuanie, les villes étaient plus belles et plus nombreuses : on entrait au cœur de la Russie. De leur côté, les Russes épargnaient davantage le pays et brûlaient moins sur leur passage. Les paysans fuyaient, ou attendaient les maraudeurs ou les traînards dans les chemins de traverse pour les égorger et les dépouiller avec l'aide des Cosaques. En revanche, l'armée française, nourrie de viande sans sel et de bouillie (car on n'avait pas de four pour faire cuire le pain), en proie à la dyssenterie, épuisée par des marches forcées, n'épargnait plus rien. Soit négligence brutale, soit férocité soldatesque, tous les bourgs de la route furent brûlés. Les petites villes de Dorogobouge, Wiasma et Ghat, épargnées par les Russes, furent ainsi détruites par les Français et surtout par leurs alliés, furieux de se faire tuer au service et pour la gloire de Napoléon. La police la plus sévère ne pouvait contenir les maraudeurs. Bien plus, comme si l'on avait eu à cœur d'augmenter la haine des Russes, on convertissait leurs églises en casernes, en ambulances, en hôpitaux, en cabarets, et souvent on y mettait le feu sans s'occuper des blessés. La sauvagerie des soldats était venue au point qu'un jour, pendant la marche, comme on s'occupait de décharger un caisson de poudre dont

Rostopchin.

Le Kremlin.

l'attelage avait péri, un soldat, ivre ou idiot, déchargea son pistolet au milieu du caisson, qui sauta. Le soldat fut tué et, avec lui, presque tous ceux qui entouraient le caisson. On n'était pas encore au commencement des revers et déjà l'armée se démoralisait. Qu'on juge de ce qui devait arriver pendant la retraite!

C'est à ce moment que Kutusoff venait prendre le commandement de l'armée russe. Évidemment il devait livrer bataille, puisqu'on ne l'avait choisi que pour combattre; mais il ne se hâta point, chercha son terrain, et recula comme l'avait fait Barclay, son prédécesseur. Ici, il avait une rivière à dos, et pouvait y être précipité; là, il pouvait être tourné; un peu plus loin, le terrain n'était pas favorable à l'artillerie. Napoléon le suivait toujours, attendant impatiemment qu'il se décidât. Enfin, Kutusoff s'arrêta vers Borodino et se déclara satisfait. C'est là qu'il comptait prendre sa revanche d'Austerlitz.

XVIII

Bataille de la Moskowa.

La bataille qui suivit est l'une des plus sanglantes de l'histoire. A ce titre, elle mérite une description particulière. Elle fut d'ailleurs beaucoup moins importante qu'on ne le croit généralement, car elle ne décida rien, si ce n'est la prise de Moscou; et, quoiqu'elle n'ait pas été douteuse, elle fut plus nuisible au vainqueur qu'au vaincu. Derrière l'armée russe était Moscou, l'appât qui amorçait Napoléon. Il croyait y trouver la paix; mais cette paix ne dépendait plus du czar Alexandre, ni de son chancelier Romanzoff, ni de Kutusoff, ni de Bagration, ni de personne. La Russie entière était debout, d'autant plus redoutable que son orgueil était mêlé d'ignorance et de barbarie. De toutes parts, les renforts arrivaient à l'armée de Kutusoff. Quelques jours avant la grande bataille, il reçut quinze mille miliciens de Moscou, soldats novices sans doute, mais remplis d'une fureur patriotique. Les Cosaques s'armaient au fond de l'Ukraine et allaient se faire connaître; enfin l'armée russe, comme nos volontaires en 1792, ne demandait qu'à vaincre ou à périr.

Le champ de bataille de Kutusoff était fort bien choisi, au dire des gens du métier. C'était un vaste amphithéâtre sillonné de ravins, couronné de bois, bordé d'un ruisseau fangeux, la Kolocza, affluent de la Moskowa, et couvert de redoutes construites à la hâte pour abriter l'artillerie et servir de points d'appui dans le combat. A la droite des Russes et au delà de la Kolocza était le village de Borodino; à la gauche était le bourg d'Outitza. Deux routes parallèles qui mènent également de Smolensk à Moscou passent par ces deux points. Vers Borodino se trouve un pont sur la Kolocza. A l'orient et derrière l'armée russe coulait la Moskowa, qui a donné son nom à la bataille. Son front était défendu par des redans et des redoutes, dont la principale était pour eux à droite de Seménoffskoï; au centre, à une demi-lieue de toutes les autres, était la redoute de Schwardino, sorte de corps avancé et mal soutenu, que les Français devaient enlever avant d'arriver jusqu'aux Russes.

C'est le 3 septembre que Kutusoff reconnut la position. Il fit porter dans les rangs l'image miraculeuse de la Vierge, qu'on avait eu soin d'enlever de Smolensk, et suivit lui-même la procession tête nue, avec une dévotion qui, peut-être, n'était pas feinte. « Frères, dit-il aux soldats, il n'y a plus que vous entre les Français et la sainte Moscou. « Et, en effet, il n'était pas prudent de reculer davantage, car on n'était plus qu'à vingt-cinq lieues de la capitale. On lui répondit par des acclamations. Deux jours après, on était en présence de Napoléon.

Celui-ci tremblait de voir fuir son ennemi. Il avait eu tant de fois l'espoir de l'arrêter qu'il n'osait plus compter sur un tel bonheur. Il fit avec soin, suivant sa coutume, la reconnaissance du champ de bataille, et fit enlever à la baïonnette, par la division Compans, du corps de Davoust, la redoute de Schwardino, qui n'était pas soutenue. C'est de cette éminence qu'il comptait voir et diriger la bataille. L'escarmouche fut sanglante et dura plusieurs heures; enfin les Russes se retirèrent vers dix heures du soir. Leur acharnement était tel qu'on ne put faire aucun prisonnier. Napoléon s'en étonna. « Sire, dit Caulaincourt, ils sont inébranlables; il faut les démolir. — Eh bien, répliqua l'Empereur, attendons l'arrivée de la réserve et des parcs d'artillerie; alors nous les démolirons. »

Le lendemain, il se borna à indiquer la place et le rôle de chacun des corps d'armée : Eugène Beauharnais et l'armée d'Italie à gauche, en face de Borodino; Ney au centre, Davoust à la droite, Murat partout, et derrière eux, pour les soutenir, la garde impériale; à l'extrême droite, Poniatowski devait, par Outitza et la route de Moscou, tourner la gauche des Russes et les prendre en flanc ou par derrière.

Le 7 septembre, à six heures du matin, toutes les dispositions étant prises, on lut en tête de chaque compagnie la proclamation suivante :

« Soldats!

« La voilà, cette bataille que vous avez tant désirée. Désormais la victoire « dépend de vous; elle est nécessaire; elle amènera l'abondance et nous assure « de bons quartiers d'hiver et un prompt retour vers la patrie. Soyez les soldats « d'Austerlitz, de Friedland, de Witepsk, de Smolensk, et que la postérité la « plus reculée dise en parlant de vous : Il était à cette grande bataille sous les « murs de Moscou ! »

La gloire et le bien-être ! Depuis longtemps il n'offrait plus d'autre mobile à ses soldats. Et, en effet, quel intérêt avait la France dans cette redoutable et sanglante expédition ?

La proclamation de Kutusoff, plus longue et plus diffuse, grossièrement injurieuse pour Napoléon et pour les Français, touchait cependant à des sentiments plus vrais et plus humains. Il parlait à ses soldats de Dieu, des temples profanés, des villes en flammes, des enfants et des femmes. Au reste, les deux armées étaient également préparées à la bataille : l'une par ennui et honneur militaire, l'autre par fureur patriotique.

Il ne faut pas s'attendre à trouver ici une bataille savante, bien manœuvrée et conduite suivant les règles de l'art, comme Austerlitz, car ni l'un ni l'autre général en chef n'en eut la direction, grâce à l'étendue et à la disposition du terrain sur lequel on combattit. Benningsen, qui était le chef d'état-major de l'armée russe, disait lui-même : « Eylau fut une bataille rangée, et Borodino une bataille dérangée. » Ce mot explique le désordre inévitable du récit.

Napoléon lui-même, qui souffrait cruellement de sa dysurie et d'un rhume très-violent, ne montra pas, dans cette journée, son activité ordinaire. Au lieu d'ordonner et d'agir lui-même, suivant son habitude, il laissait agir ses lieutenants. Pendant toute la journée, il demeura immobile dans un ravin qui était au bas de la redoute de Schwardino, où n'arrivaient que quelques boulets perdus. Le vrai champ de bataille était à une demi-lieue de là, et plus d'une occasion décisive de charger en masse fut perdue, parce que les Russes, à demi rompus, eurent le temps de se reformer, tandis que les aides de camp de Murat ou de Ney allaient chercher les ordres de Napoléon au quartier général et les rapportaient au galop.

Voici la disposition des Russes. La droite et le centre, sous Barclay de Tolly et Benningsen, occupaient le bord du plateau au pied duquel est le ravin de la Kolocza. Un pont traversait, vers le village de Borodino ce ruisseau fangeux et encaissé. A gauche de Borodino, le front des Russes était défendu par une grande redoute pourvue de vingt canons, et à gauche de cette redoute, trois flèches, simples ouvrages de campagne qu'on n'avait pas eu le temps de terminer. Derrière ces flèches se tenait l'intrépide Bagration, pour qui cette bataille devait être la dernière et la plus glorieuse de sa vie. Il commandait la seconde armée, celle qui, sur les bords du Dniéper, avait, comme on l'a vu déjà, si habilement échappé à la poursuite acharnée de Davoust. Il allait de nouveau lui tenir tête, et il était digne assurément d'un tel adversaire.

Au reste, dans le plan de Napoléon, c'est de ce côté qu'il fallait porter les plus grands coups ; car le ravin de la Kolocza défendait trop bien la droite des Russes pour qu'on pût espérer de les forcer. Avant tout, il voulait les tromper par une simple démonstration sur Borodino, et, les attaquant vivement à gauche vers Séménoffskoï et la grande redoute, où le terrain était plus favorable, les pousser dans l'angle formé par le confluent de la Kolocza et de la Moskowa, qui coule à une lieue environ du champ de bataille. Là, une fois la retraite commencée, si Murat faisait son devoir comme à l'ordinaire, nos cavaliers, lancés à fond de train sur un terrain en pente douce, devaient détruire à moitié l'armée russe, acculée dans cet angle, et ne pas lui laisser un canon.

La dernière partie de la nuit se passa dans ces dispositions. Napoléon, ayant autour de lui ses maréchaux et derrière lui la division Friant et sa garde, donna ses derniers ordres. Il attendait le jour avec impatience. Enfin, le soleil

Incendie de Moscou.

parut à l'horizon parmi des nuages rougeâtres : « Voilà le soleil d'Austerlitz ! » dit-il.

Au même instant fut donné le signal de l'attaque; quinze cents pièces de canon y répondirent, dont huit cents du côté des Français, et chacun des généraux courut à son poste. Le grand massacre allait commencer.

Car ce fut vraiment un massacre, vu l'effroyable acharnement des deux partis. A gauche, Eugène Beauharnais, le fils chéri, à qui Napoléon voulait donner l'honneur de la victoire, avait sous ses ordres l'élite de l'armée, et, en particulier, les divisions Morand et Gérard, du corps de Davoust. Il lança d'abord la division Delzons sur le village de Borodino, situé en deçà de la Kolocza, s'empara sans peine de ce point mal défendu, et s'avança sur le pont qui est au delà du village. Il en resta maître, après quelques alternatives de succès et de revers, et son artillerie, mise en batterie et tournée au sud vers la grande redoute des Russes, qu'elle prenait en flanc, rendit plus facile l'attaque de ce bastion.

Ce n'était qu'un début. La division Morand, affrontant à bout portant la mitraille de quatre-vingts canons, franchit au pas le ravin qui la séparait de cette forteresse improvisée, escalada les parapets et s'y établit. Morand, l'un des héros de l'armée, fut grièvement blessé, et emporté à l'ambulance. Les Russes, renforcés, revinrent à la charge. Un feu violent d'artillerie et plusieurs charges d'infanterie et de cuirassiers repoussèrent deux des régiments de cette division, restée sans chef, jusqu'au bord du plateau, sans pouvoir les précipiter dans le ravin de Séménoffskoï. Le troisième, resté seul dans la redoute, se défendit héroïquement et fut écrasé sous le nombre. Pendant ce temps, Eugène Beauharnais, très-brave, mais incapable de diriger son corps d'armée, allait chercher la division Gérard, qu'il avait laissée dans le ravin en même temps que son artillerie. La moitié de ses troupes demeurait oisive pendant que, sur le reste du champ de bataille, on demandait à grands cris des renforts; tant il est vrai qu'on peut être un grand prince, un homme de cœur, un honnête homme et un homme aimable (qualités que personne n'a jamais refusées à Eugène Beauharnais), et ne savoir pas commander même un régiment. Malheureusement, ce n'était ni la première ni la dernière expérience que Napoléon devait faire de l'incapacité des princes de sa famille.

De ce côté donc, les Français n'étaient ni vainqueurs, ni vaincus, mais simplement repoussés. La grande redoute avait été prise une fois, puis perdue; son sort allait dépendre du reste de la bataille. Heureusement, le centre et la droite de l'armée étaient commandés par de vieux soldats : Ney, Murat, Davoust.

Devant eux étaient les trois redans ou flèches dont on a déjà parlé. Ces trois redans, moins bien défendus que la grande redoute, parce que le terrain était moins accidenté, furent attaqués brusquement et pris par Davoust et Ney. Mais un accident fâcheux priva Davoust du commandement. Son cheval fut tué d'un boulet de canon, et lui-même tomba évanoui. On le crut mort, et il y eut quelque flottement dans la ligne de bataille. Heureusement, Ney restait encore et rétablit l'ordre. Au même instant, Murat s'avançait au galop pour prendre le commandement de la cavalerie.

A la vue de Davoust qu'on croyait mourant et qu'on portait dans les rangs, Murat, aussi généreux que brave, oublia tout le passé et serra la main de ce vieux camarade évanoui, avec qui il avait eu pourtant de récentes et très-graves querelles. Un jour, en particulier, sur la route de Smolensk à Borodino, Davoust ayant défendu au général Compans d'obéir au roi de Naples, celui-ci s'avança d'un air furieux et devant tout l'état-major voulut se battre au sabre avec lui; mais Davoust, toujours ferme et impassible, répliqua qu'aussitôt que le service de Sa Majesté Impériale le permettrait, il saurait reconnaître et accepter l'honneur que Sa Majesté le roi de Naples voulait bien lui faire; — et qu'en attendant, Compans n'obéirait qu'à lui, Davoust, son chef immédiat. Cette réponse moins respectueuse qu'ironique n'avait pas calmé l'emportement de Murat, et toute l'autorité de Napoléon lui-même suffisait à peine à faire vivre en paix ses deux illustres lieutenants. Mais sur le champ de bataille, Murat oublia tout en un moment et prit la place de Davoust. Celui-ci à peine ranimé demanda un autre cheval, essayant, malgré d'horribles souffrances, de diriger les troupes; mais la nature l'emporta et l'on fut forcé de le conduire au quartier général, d'où il suivit le lendemain la marche de l'armée, porté dans une litière.

Dès lors, Murat et Ney demeurèrent seuls en face de l'ennemi. Bagration, chargé de la défense des trois flèches, amène renforts sur renforts pour les reprendre. Coups de fusil, coups de canon, charges à la baïonnette, il n'épargna rien. On se battait même à coups de crosse et de pierres dans l'intérieur des ouvrages disputés. Enfin la cavalerie de Murat, commandée par Latour-Maubourg, repousse les Russes au bas du plateau, descend dans le ravin qui était au pied du village brûlé de Séménoffskoï, remonte sur le bord opposé, protégée par notre artillerie qui tirait à petite distance par-dessus le ravin, enfonce quelques carrés d'infanterie, déblaye le terrain et laisse à nos soldats le loisir de se déployer.

Il n'était que dix heures du matin, et déjà la bataille paraissait à demi gagnée. La gauche des Russes avait perdu son point d'appui, le centre était ébranlé, la droite était incertaine. Murat et Ney crurent le moment venu et demandèrent à Napoléon de faire avancer la garde, pendant qu'ils allaient porter un coup décisif à l'ennemi.

L'Empereur, trop éloigné de la mêlée, doutait beaucoup du succès de cette attaque. Il ne trouvait pas l'armée russe assez « démolie par l'artillerie », comme il l'avait dit la veille à Caulaincourt. Il voyait l'acharnement de la lutte; il était inquiet (sans le dire) des passions patriotiques qu'il avait soulevées contre lui; il s'attendait à livrer encore plusieurs batailles. Pendant qu'il réfléchissait, Bessières, qui commandait la garde et qui, brave soldat lui-même, voulait pourtant ménager ce corps d'élite, lui dit à demi-voix : « Sire, c'est notre seule réserve à huit cents lieues de France. » Quand on est déjà ébranlé, l'avis du premier venu emporte la balance. Le mot de Bessières eut cet effet, et Napoléon, en refusant les renforts demandés, crut épargner le sang de sa garde, qui devait mourir presque tout entière de faim, de froid et de fatigue, pendant la fatale retraite de Moscou. On n'évite pas sa destinée.

Réduits à leurs seules forces, Murat et Ney, bien que très-irrités de la réponse de Napoléon, résolurent d'enfoncer la ligne russe. Le général Friant, vieux soldat de la République, franchit à son tour le ravin de Séménoffskoi et s'avance sur le plateau. Dès les premières décharges, il est blessé. A côté de lui, Montbrun accourt au galop à la tête de la grosse cavalerie, et enfonce la cavalerie russe. Mais il est tué par un boulet de canon; deux ou trois autres généraux sont blessés, entre autres l'Alsacien Rapp, si brave et si malheureux au feu qu'il n'en revint jamais sans blessure. Deux ou trois cents pièces de canon croisaient leur feu dans cette plaine avec celui de la fusillade. Bagration, aussi intrépide que ses adversaires, demeurait au milieu de la mêlée, jetant l'une après l'autre ses divisions sur Murat et Ney, ne voulant pas reculer et ne pouvant pas reprendre les flèches qu'il avait perdues. Sous lui Raeffskoï, Doctoroff, Konownitsyn, se prépicitaient sans relâche à l'assaut des Français.

Enfin, au milieu de cette grêle de mitraille qui volait de tous côtés, il fut frappé lui-même à la jambe gauche et emporté loin du champ de bataille. Sa blessure, qu'on aurait pu guérir, devint mortelle par suite de l'ignorance des chirurgiens. Il fut transporté dès le lendemain dans un château du gouvernement de Wladimir, à quelque distance de Moscou, et mourut le 12 septembre. Sa mort fut une très-grande perte pour l'armée russe, dont il était le héros et qui voyait en lui le plus brillant des compagnons de Souwarow. Sa grandeur d'âme était aussi connue que son courage.

On raconte que le jour même de cette fameuse bataille de la Moskowa, posté dans les ruines du village de Séménoffskoï, et assis sur un mur à demi brûlé, il regarda la division Friant qui montait à l'assaut avec son chef sous un feu épouvantable et s'écria dans un transport d'admiration généreuse : « Bravo, les Français! » tant il était étranger, quoique très-ardent patriote, à ces sottes et basses haines internationales que la politique des gouvernements excite et entretient à plaisir.

La veille de sa mort il reçut la visite de l'agent anglais Robert Wilson, qui lui assura que le czar avait juré de ne pas traiter tant que les Français occuperaient le territoire russe. Bagration serra la main de l'Anglais et lui dit : « Cher général, je meurs heureux, puisque vous m'assurez que la Russie ne sera pas déshonorée. *Accipio solatium mortis.* »

Je reviens à la bataille. Il était trois heures de l'après-midi et rien n'était décidé. Les soldats de Bagration, plus affligés qu'effrayés de la blessure de leur chef, tenaient bon sous le feu d'une immense artillerie qui les foudroyait depuis Outitza jusqu'à Séménoffskoï. La grande redoute était toujours entre leurs mains, et Eugène Beauharnais s'agitait sans avancer. Bientôt même il craignit pour sa gauche. La cavalerie cosaque de Platof, ayant passé la Kolocza, vint caracoler autour de notre infanterie immobile et ferme, la dépassa, et jeta le trouble et le désordre parmi les employés des vivres et tous ces gens sans armes qui suivent les troupes. Quelques coups de fusil suffirent pour écarter cet incommode ennemi; mais Napoléon, qui craignait quelque accident, arrêta de nouveau sa garde, prête à marcher au secours de Ney et de Murat, et ce fut le second et le plus funeste retard de la journée.

Cependant, après avoir éclairci les rangs des Russes à coups de canon,

Départ de Moscou.

Murat, n'espérant plus être soutenu, lança enfin sa cavalerie. Caulaincourt, frère du duc de Vicence, partit le premier, suivi de cinq régiments de cuirassiers et de carabiniers, traversa le ravin déjà traversé si souvent et jonché de morts et de mourants, et s'élança dans la plaine en dépassant la grande redoute.

Du premier choc, il renversa la cavalerie russe, dispersa quelques corps d'infanterie à demi détruits par la mitraille, et, se rabattant à gauche, s'empara de la grande redoute. En y entrant, il tomba mort, frappé d'un biscaïen au front. Il s'était marié la veille de son départ pour l'armée. Napoléon parut sensible à cette perte et serra d'un air ému la main du duc de Vicence, son frère, grand maréchal du palais. Combien d'hommes furent tués ce jour-là qui laissaient dans leurs familles un deuil éternel!

Du moins la mort de Caulaincourt ne fut pas inutile. Après cette brillante charge de cavalerie, la redoute resta aux Français, et Eugène Beauharnais s'y établit solidement avec une partie de son infanterie. Cette fois la bataille était gagnée, non sans peine assurément, mais enfin les Russes avaient perdu leurs positions et s'étaient adossés en colonnes profondes à la forêt de Psarewo. C'était le moment ou jamais de faire donner la garde impériale, car Kutusoff n'avait pas de troupes fraîches à lui opposer, ayant employé jusqu'à son dernier homme. Napoléon ne le voulut pas, devenu trop prudent quand il aurait fallu tout risquer. Il se contenta de mettre en ligne toute son artillerie et de faire tirer sans relâche sur les masses profondes des Russes où chaque boulet traçait une rue. Ce fut la fin de la bataille.

Jusqu'à dix heures du soir les canons tonnèrent de part et d'autre. Mais les Russes étaient à découvert. Nos soldats, au contraire, se mirent un peu à l'abri dans les ravins. Au reste, le massacre fut épouvantable et sans résultat. Les Russes ne reculèrent pas, et Napoléon craignait même qu'ils ne voulussent recommencer la bataille dès le lendemain.

Mais cette crainte était vaine. Sur les deux cent soixante mille hommes qui formaient les deux armées (à peu près égales en nombre), quatre-vingt-dix mille, dont plus de soixante mille Russes, étaient hors de combat. Quatre-vingt-dix mille! Quand on réfléchit que Napoléon n'avait pas eu d'autre but en commençant la guerre que d'être le maître de l'Europe, on est stupéfait de la folie des peuples qui s'entre-tuent pour un pareil motif. Au reste, cet horrible égorgement n'est rien en comparaison de ce qui suivit. Un témoin oculaire raconte qu'au mois de janvier suivant on ne voyait que des habits de deuil dans les rues de Paris. Pas une famille qui n'eût perdu l'un de ses membres.

La nuit fut épouvantable. Les blessés, laissés sans secours, gémissaient et poussaient des cris de douleur. Ils cherchaient à se traîner dans le ravin pour se garantir un peu du froid, du vent et de l'humidité. La saison était déjà avancée. Les vivres manquaient. Après une journée si fatigante, les soldats n'avaient même pas la consolation de souper en paix. L'état-major était fort triste. Plusieurs généraux avaient péri; presque tous étaient blessés, sauf Murat et Ney. Une telle victoire, où l'on avait perdu tant de monde sans rien décider, avait presque l'aspect d'une défaite pour des gens habitués à vaincre. Napoléon en fut frappé, mais, toujours impassible, il n'en fit rien paraître, et par sa contenance imposa le silence à ceux qui auraient osé se plaindre.

De tous les morts de la bataille, le plus regretté fut l'intrépide Montbrun. Celui-là était difficile à remplacer. Il s'était signalé en Prusse et en Espagne. La cavalerie avait fait de très-grandes pertes, ayant combattu plus qu'à l'ordinaire. Pendant les premières heures de la bataille, elle avait laissé agir l'infanterie; puis, quand les ravins furent franchis, elle prit la tête à son tour, et enfin, le soir, épuisée de fatigue, céda la place à l'artillerie. On tira ce jour-là, du côté des Français, soixante mille coups de canon et quatorze cent mille coups de fusil. Ce calcul, fait par le général d'artillerie Lariboisière, montra la prévoyance de Napoléon, qui n'avait pas voulu engager la bataille sans un immense approvisionnement d'artillerie, tant il s'attendait à la résistance désespérée des Russes.

Après tant de sang versé, ceux-ci n'étaient pas abattus. La rage patriotique les soutenait dans leur défaite; mais leur armée était réduite de moitié et hors d'état de recevoir un second choc. Un seul trait donnera une idée de cet épuisement. Le général Woronzof, qui commandait dans l'armée de Bagration une division de huit mille hommes, écrivait lui-même après la bataille : « Ma défunte division... » Il lui restait à peine quatre cents hommes sous les armes.

Cependant Kutusoff, sans s'étonner, écrivit au czar qu'il avait remporté la victoire et qu'il n'attendait, pour se mettre à la poursuite des Français, qu'un renfort d'artillerie, de munitions et de miliciens de Moscou. Il avait pris, disait-il, trente canons et repoussé l'ennemi. La nouvelle arriva le 11 septembre à Pétersbourg le jour même de la fête du czar. Aussitôt Alexandre, qu'il fût persuadé ou non, ordonna de chanter un *Te Deum*. Toute la Russie fut transportée de joie. On racontait les plus grands détails sur la défaite et la fuite de « *l'ennemi de Dieu et des hommes* » (c'était le nom le plus poli que l'aristocratie russe donnât alors à Napoléon). Cependant quelques sceptiques, qui se souvenaient que les Russes n'avaient pas cessé de vaincre (dans leurs bulletins) depuis le commencement de la campagne, et que Napoléon n'en était pas moins à vingt-cinq lieues de Moscou, osèrent douter un peu du rapport de Kutusoff. Le grand-duc Constantin, renvoyé de l'armée à la cour, dit tout haut, avec sa franchise tartare : « A quoi nous sert cette grande victoire? à n'avoir plus d'armée ! » D'autres commentaient assez tristement un billet adressé par Kutusof à sa femme, où se trouvaient ces mots, plus modestes que son bulletin : « Je ne suis pas vaincu; j'ai gagné une bataille sur Bonaparte... » et l'apostille de son secrétaire qui ajoutait : « Incessamment une seconde affaire dans laquelle le diable emportera l'un ou l'autre. » Enfin l'on avait à peine eu le temps d'allumer les feux d'artifice et de récompenser les prétendus vainqueurs (Kutusoff eut cent mille roubles, Bagration autant, et chaque soldat cinq roubles), lorsqu'on apprit que Kutusoff reculait rapidement, que *la foudre le suivait*, et que les Français venaient d'entrer dans Moscou.

XIX

Moscou.

Le 8 septembre, Napoléon visita le champ de bataille, suivi de son état-major. Les Russes étaient déjà partis, emmenant une partie de leurs blessés et laissant le reste aux mains des Français. Cet abandon inévitable causa la mort du plus grand nombre, car les chirurgiens de l'armée française, malgré toute leur activité, eurent grand'peine à mettre en trois jours le premier appareil sur toutes les blessures. L'abbaye de Kolotskoï, voisine du champ de bataille, devint un hôpital, mais les remèdes et même les vivres manquaient. Quelques jours après, les détachements qui allaient rejoindre l'armée française à Moscou virent avec douleur de malheureux officiers blessés se traîner sur leurs membres mutilés, et demander du pain.

Cependant l'avant-garde, commandée par Murat et Eugène Beauharnais, poursuivait les Russes. Le 9 septembre, le Cosaque Platof, qui couvrait leur arrière-garde, abandonna Mojaïsk après y avoir mis le feu, suivant sa coutume. On traversa Rouza, puis Krimskoï, Momonowo et Worobiewo. Un pas de plus et l'on entrait dans Moscou.

Là, il n'était plus question de mentir et de vanter les batailles gagnées. Les rapports fanfarons de Kutusoff ne pouvaient rien contre l'implacable vérité. Trois jours auparavant, il avait écrit à sa fille, mariée et habitant Moscou, qu'il lui donnerait sa malédiction si elle quittait la ville. Il avait poussé la précaution jusqu'à tromper le gouverneur même, Rostopchin, ancien ministre de Paul Ier, et aussi menteur pour le moins que Kutusoff lui-même. Il promettait de livrer une dernière bataille sous les murs de Moscou et d'y écraser les Français.

Rostopchin, abusé par les promesses de Kutusoff, faisait des préparatifs de défense. Il publiait des proclamations demi-sauvages, demi-burlesques pour soulever le peuple contre Napoléon... « Je pars demain, disait-il, pour me rendre près de S. A. le prince Kutusoff... Nous renverrons au diable ces hôtes, et nous leur ferons rendre l'âme. Je reviendrai pour le dîner... On va envoyer au prince quarante-huit canons et des munitions... Il dit qu'il défendra Moscou jusqu'à la dernière goutte de son sang... même dans les rues de cette ville. On a fermé les tribunaux; mes amis, mais que cela ne vous inquiète pas... Nous n'avons pas besoin de tribunaux pour faire le procès au scélérat; si cependant ils devenaient nécessaires, je prendrais des jeunes gens de la ville et de la campagne... Armez-vous bien de haches et de piques, et si vous voulez faire mieux, prenez des fourches à trois dents. Le Français n'est pas plus lourd qu'une gerbe de blé... Je me porte bien; j'avais mal à un œil; maintenant, je vois très-bien des deux. »

Mais en même temps il prenait d'autres précautions pour le cas où Moscou serait abandonné. Il avait fait amasser des provisions de matières combustibles,

Combat de Malo-Jaroslavetz. — 24 octobre.

sous prétexte de construire un ballon incendiaire qui devait détruire l'armée française, et il se tenait prêt à brûler la ville.

C'est devant lui que les généraux de l'armée russe tinrent conseil entre Fili et Vorobiévo, à une demi-lieue de Moscou. Kutusof, tout décidé qu'il fût à la retraite, craignait le sort de Barclay de Tolly, qu'on appelait traître pour avoir abandonné Smolensk. Benningsen proposait d'attaquer l'armée française encore en marche. Barclay, toujours sincère et fidèle à son système, proposa de descendre vers le sud, d'abandonner Moscou qu'on ne pouvait pas défendre, de ne pas exposer aux conséquences d'un assaut la seconde ville de l'empire, et de couvrir les gouvernements de Toula et de Kalouga, les plus fertiles de la Russie, où les Français auraient pu établir leurs quartiers d'hiver. Avant tout, disait-il, il faut sauver l'armée. Kutusof, qui était du même avis sans le dire, se décida enfin vers le soir à ordonner la retraite (1). Elle se fit à travers de Moscou, pendant que Platof, avec sa cavalerie, attirait celle des Français vers le nord. Miloradovich, Serbe réfugié, qui avait fait une grande fortune militaire en Russie, fut chargé de l'arrière-garde.

Ce dernier, craignant un combat dans les rues de Moscou, qui aurait pu devenir funeste à son corps d'armée et livrer la ville au pillage des soldats français et russes, menaça Murat de brûler Moscou si on l'attaquait dans les rues. Murat, qui n'avait pas un moindre intérêt à respecter cette riche et glorieuse proie, arrêta la poursuite, et il y eut une trêve tacite pendant toute la journée du 14 septembre; mais ces ménagements d'un vainqueur généreux et prévoyant ne devaient servir à rien. Le sort de cette capitale était décidé d'avance. « Si l'ennemi met le pied à Moscou, écrivait quelques jours auparavant Joseph de Maistre, attendez-vous à quelque scène antique dans le genre de Sagonte ou de Numance. » Les choses étaient au point que la rage insensée d'un misérable devait l'emporter sur la justice, le bon sens, l'humanité et l'intérêt même de la Russie.

Cet homme, Rostopchin, qui creva un œil à sa patrie dans l'espérance de se venger de Napoléon (l'incendie de Moscou n'avança pas d'un jour la perte de l'armée française), était l'un des chefs du parti aristocratique qui, dès l'avénement d'Alexandre, s'empara du pouvoir. Les boyards russes, séduits par l'exemple des lords anglais, rêvaient en effet de gouverner l'empire. On a vu déjà qu'ils étaient maîtres de l'armée et qu'ils avaient plus d'une fois imposé leur volonté au czar dans le cours de la campagne. Rostopchin, qui affectait plus tard, à Paris, sous la Restauration, les manières polies d'un grand seigneur de la cour de Louis XIV, et qui paradait dans les salons du faubourg Saint-Germain, conçut, au moment de l'entrée des Français dans Moscou, le projet le plus atroce que puisse former une âme de bourreau. Sans consulter le czar, qui aurait eu horreur d'un tel crime, ni Kutusoff, ni l'armée, ni les habitants, qui l'auraient probablement lapidé, il résolut de détruire par le feu une ville de trois cent mille âmes, remplie de tous les trésors de l'Europe et de l'Asie, et dont la milice venait de combattre à la Moskowa avec un courage héroïque.

Ce qui est plus extraordinaire, c'est qu'il parvint à chasser de la ville presque tous les habitants. Soit crainte de cette police infâme qui est la plaie de la nation russe et le grand ressort de son gouvernement, soit persuasion qu'en effet les Français pillaient et brûlaient tout sur leur passage (et en effet les maraudeurs avaient cruellement tracé leur marche dans la Lithuanie et la Russie-Blanche, de Kowno à Moscou), cent quatre-vingt mille âmes — hommes, femmes, enfants et vieillards — sortirent de Moscou, sur l'ordre de Rostopchin, emportant les

(1) Rostopchin, furieux, lui écrivit : « Vous venez de vouer votre nom à une infamie éternelle! »

objets les plus précieux et suivirent l'armée russe. Parmi ces malheureux fuyards était le célèbre républicain Hertzen, alors enfant à la mamelle, que sa nourrice éplorée emportait dans ses bras.

En un jour la ville se trouva déserte. Tout le monde fuyait à travers champs, car la route était réservée aux soldats et à l'artillerie, et les droschkis, les télégas, les kibitkas et toutes les voitures légères qui sont si nombreuses en Russie franchissaient avec une promptitude extraordinaire les fossés, les ravins, les ruisseaux et tous les obstacles qu'en temps ordinaire on n'aurait pas osé affronter.

Dix mille personnes environ étaient restées dans Moscou. Les uns étaient des négociants de diverses nations; d'autres étaient des soldats ou des ouvriers de l'arsenal oubliés dans le Krémlin; d'autres enfin étaient des misérables tirés de prison par Rostopchin et chargés par lui de mettre le feu à la ville...

Car ce fut le dernier ordre qu'il donna en partant. Il en était même tellement préoccupé qu'il oublia, aussi bien que Kutusof, de retirer de l'arsenal cent cinquante pièces de canon et d'immenses approvisionnements de poudre. Quant aux exécuteurs de ses ordres, c'était l'écume de la Russie. Murat, dînant un jour avec lord William Bentinck, racontait qu'à son entrée dans Moscou, une troupe de ces misérables se précipita sur son état-major et qu'un d'eux, ayant saisi à la gorge un colonel du génie pour l'étrangler, le renversa de son cheval, le frappa d'un coup de poignard dans le dos, et lui mordit le cou, pendant qu'on cherchait vainement à lui faire lâcher prise. Murat, qui avait vu la mort de près dans soixante batailles, avouait qu'il avait été épouvanté ce jour-là, et que sans deux coups de canon chargé à mitraille qui dissipèrent le rassemblement, il aurait péri avec tous ses officiers.

Toutes les précautions de Rostopchin étant prises pour ne laisser aucun butin à l'ennemi, et l'armée russe aussi bien que les habitants étant déjà hors de portée, l'armée française fit enfin son entrée dans Moscou. Jamais elle n'avait plus chèrement acheté la victoire, ni plus vivement désiré d'en jouir. De quatre cent mille hommes qui avaient passé le Niémen, la moitié avait déjà péri de faim et de fatigue plutôt que sous le feu de l'ennemi. Cent mille environ gardaient les communications vers le Dniéper, la Dwina et sur la route de Kowno à Moscou, et cent mille à peine (parmi lesquels quinze mille avaient rejoint l'armée après la grande bataille de la Moskowa) allaient bivaquer autour du Kremlin. C'est ce qu'il ne faut pas se lasser de répéter, car on a dit longtemps en France que l'hiver seul avait pu venir à bout de Napoléon et de la grande armée, ce qui excusait en partie l'homme dont on a voulu faire un demi-dieu. La vérité vraie, la voici : Comme on n'avait pas de magasins, et comme les Russes brûlaient tout sur leur passage, vivres et fourrages, les hommes et les chevaux moururent de faim d'abord. Puis, au mois de novembre, un froid horrible se joignit à la famine, et l'armée, en proie à ces deux fléaux, fut entièrement détruite.

Mais, au 14 septembre, toutes les souffrances de l'armée paraissaient finies. On comptait sur les ressources d'une grande ville, entrepôt de l'Europe et de l'Asie. Les vieux soldats qui avaient vu Milan, le Caire, Madrid, Vienne et Berlin, se réjouissaient de voir enfin Moscou, la ville mystérieuse des czars. Dès qu'on aperçut les dômes dorés des églises qui s'élevaient au-dessus de la plaine, ce fut une joie générale et semblable à celle des premiers croisés lorsque, des hauteurs d'Emmaüs, ils virent les remparts de Jérusalem. Napoléon lui-même oublia un instant ses inquiétudes. Il croyait avoir ébranlé, par un coup terrible, l'imagination mobile du czar et décidé la paix.

Suivant sa coutume, il attendit, à l'entrée du faubourg de Dorogomilow, qu'on lui apportât les clefs de la ville. Il savait d'avance par quelles paroles il allait rassurer une population inquiète, la garantir du pillage et montrer la grandeur d'âme d'un vainqueur généreux. Vaine attente! Nos soldats, entrant dans Moscou, furent consternés du silence universel. Quelques marchands vinrent au-devant de l'avant-garde et racontèrent la fuite du peuple. Toutes les maisons étaient fermées. Plusieurs centaines d'hommes avaient essayé de résister, on les avait balayés à coups de canon. La ville était muette.

Ce jour-là, Napoléon dut être effrayé de sa victoire. Il craignit que ce silence de Moscou ne fût un piége, et il passa la nuit dans le faubourg. Le lendemain, dès le matin, il traversa le pont de la Moskowa qui sépare le faubourg de Dorogomilow du reste de la ville, et il établit son quartier général au Kremlin.

Moscou, dont la superficie immense (dix lieues de tour) est couverte de couvents, de châteaux, de fermes et de champs cultivés, était bâtie à la manière de l'antique Ecbatane, la ville aux sept enceintes. Au centre est le Kremlin, la forteresse des czars qui a résisté aux assauts des Mongols; autour du Kremlin, la Ville chinoise ou le quartier commerçant; autour de celle-ci, la Ville blanche, quartier des nobles et des gens riches; et autour de la Ville blanche, la Ville de terre, vaste faubourg circulaire qui enveloppe Moscou.

Napoléon, qui ne pouvait se persuader qu'un peuple entier dût rester longtemps hors de ses foyers, surtout à l'approche de l'hiver, donna les ordres les plus sévères pour empêcher le pillage, et fit bivaquer la plus grande partie de l'armée hors des murs... Vaine précaution!

Le soir même de son entrée dans la tour d'Ivan, pendant qu'il causait avec Caulaincourt, son confident, il aperçut derrière la vitre une lueur rougeâtre, et presque aussitôt on cria: « Au feu! » Les agents de Rostopchin venaient d'allumer l'incendie dans plusieurs quartiers à la fois, et les maisons, bâties en bois pour la plupart, prenaient feu avec une étonnante rapidité.

Pour comble de malheur, l'eau manquait, Rostopchin ayant emmené les pompes. En un instant, toute l'armée fut sur pied, et surtout la garde, qui s'était logée autour du Kremlin. On fit les plus grands efforts pour sauver le Bazar, immense établissement commercial dont les magasins étaient remplis de vins, d'eaux-de-vie, de soieries et d'étoffes précieuses. Là commença le pillage, désordre inévitable qu'on ne pouvait reprocher à personne, car les marchandises pillées n'étaient enlevées qu'à l'incendie. Les habitants de Moscou ne furent pas moins empressés que nos soldats d'en prendre leur part. Mais bientôt le vent s'éleva de l'est et commença à propager l'incendie à l'ouest, puis revint dans la direction opposée, et presque toute la ville fut en flammes. Le Kremlin lui-même allait être cerné, et déjà des flammèches tombaient dans les cours et menaçaient de faire sauter les caissons d'artillerie et les immenses provisions de poudre qui remplissaient les caves.

Jusque-là, Napoléon était demeuré spectateur impassible du désastre, donnant

Les premiers froids.

des ordres du haut de la tour d'Ivan avec son sang-froid ordinaire; mais, à la vue du danger toujours croissant, sa garde et les généraux qui l'entouraient le supplièrent de quitter Moscou, et, comme sa présence y devenait inutile, il sortit de la ville et alla se loger au château de Pétrofskoï, à une lieue de là, sur la route de Pétersbourg. C'est là qu'il attendit la fin de l'incendie.

Après quelques heures, personne ne douta du véritable auteur de cette catastrophe. On saisit et on fusilla une centaine de brigands pris en flagrant délit et la torche à la main. Tous accusèrent Rostopchin. La seule excuse de ce grand criminel (car si c'est un dévouement héroïque de se sacrifier soi-même, c'est un crime de sacrifier ses concitoyens sans leur aveu), c'est qu'il donna l'exemple et brûla sa maison de campagne remplie de meubles, de livres, de tableaux et de statues du plus grand prix. Au-devant de la maison, il avait fait planter un poteau sur lequel on lisait cette inscription :

« J'ai embelli cette maison pendant huit ans, et j'y ai vécu heureux au sein « de ma famille. Français, j'y mets volontairement le feu pour qu'elle ne soit pas « souillée par votre présence... »

Par un hasard singulier, sa maison de Moscou fut épargnée. Napoléon avait ordonné d'y mettre le feu pour le punir, mais le général Delaborde, qui l'occupait, s'y opposa : injustice bizarre du destin.

Cependant, vers le 20 septembre, une pluie torrentielle éteignit l'incendie. Quinze mille blessés russes, abandonnés après la bataille, périrent dans les flammes. Les neuf dixièmes de Moscou n'étaient plus que des ruines fumantes, sous lesquelles soldats et habitants cherchaient ensemble leur nourriture. Les vivres, cependant, ne manquaient pas, et même ce fut le seul moment de la campagne où l'armée se trouva dans l'abondance. Les provisions d'hiver des Russes étaient entassées dans des caves, où l'industrie de nos soldats sut bientôt les retrouver. Chaque corps eut, à son tour, la permission d'entrer dans la ville et d'y faire des fouilles, — excepté ceux qui, sous Murat, étaient à l'avant-garde et faisaient face à Kutusoff. Ceux-là, et surtout la cavalerie, continuellement harcelés par les Cosaques, eurent beaucoup à souffrir de la misère et de la faim.

Grâce à l'incendie de Moscou, Kutusoff fut mollement poursuivi, et, tournant autour de Moscou, fit perdre ses traces à la cavalerie française. Enfin, on le retrouva vers Taroutino, au sud, dans un camp retranché qui couvrait la route de Kalouga. C'est là qu'il attendait des renforts et son redoutable allié, le général *Hiver*.

Comme l'armée française, après une marche continue de sept cents lieues (quelques-uns même, venant de Portugal, avaient fait plus de mille lieues), avait besoin de repos, il y eut une trêve tacite entre les deux armées, chacun des deux partis espérant tromper l'autre. Napoléon désirait la paix, Kutusoff la guerre.

La pensée de ce dernier était fort naturelle. Moscou étant pris et brûlé, la Russie n'avait plus rien à perdre que Pétersbourg, inaccessible en cette saison, ou Kalouga, ville peu importante. Quant à l'armée russe, Kutusoff ne craignait rien pour elle et pouvait errer sans relâche dans les immenses plaines de la Russie méridionale, entraînant Napoléon à sa suite. Le résultat d'une guerre ainsi prolongée était mathématiquement certain. Après huit jours de marche, même dans la belle saison, Napoléon se serait trouvé seul avec sa garde.

Pour les mêmes motifs, Napoléon désirait faire la paix à tout prix. Après plusieurs tentatives inutiles de négociations faites par l'intermédiaire de deux Russes, Toutelmine et Jacovlef, dont l'un, le dernier, était, dit-on, un simple employé de police, il essaya d'une démarche directe. Lauriston, son ancien ambassadeur à Pétersbourg, fut envoyé à Kutusof avec ordre de faire des propositions de paix. « *Ajoutez foi*, écrivait Napoléon, *à tout ce qu'il dira sur des affaires très-importantes.* »

Mais Kutusof était gardé à vue par ses propres lieutenants et par Wilson, le commissaire anglais.

Ce dernier fut averti par Benningsen que Kutusof devait avoir une entrevue avec l'envoyé de Napoléon, vers minuit, aux avant-postes. « Nous voulons, dit Benningsen, au nom de ses amis, éviter les mesures extrêmes, mais nous sommes résolus à déposséder le maréchal de son autorité s'il persiste dans son dessein. »

C'est une figure curieuse que celle de ce Robert Wilson, « monsieur l'ambassadeur des rebelles, » comme l'appelait familièrement le czar. C'était un de ces aventuriers hardis que l'Angleterre emploie dans des missions dangereuses, et qu'elle se réserve de désavouer s'ils échouent. S'ils réussissent, un lord vient, cravaté, ganté, grand seigneur, qui prend la conduite de l'affaire, s'en fait honneur et reçoit la récompense. Ici, le lord s'appelait Cathcart, et se tenait chaudement à Pétersbourg, pendant que son hasardeux lieutenant, muni des pleins pouvoirs du czar et du ministère anglais, veillait, au quartier général, à ce qu'on ne fît pas la paix avec Napoléon sans la permission de l'Angleterre.

Dès qu'il eut reçu l'avis de Benningsen, il demanda une entrevue à Kutusof. Celui-ci le reçut d'assez mauvaise grâce, en homme qui a pris son parti et qu'aucun discours ne pourra persuader ou convaincre. La conversation n'était pas moins dangereuse pour l'un que pour l'autre, car Kutusof, très-populaire chez les soldats, aurait pu aisément réduire son adversaire au silence, le faire bâillonner et le mettre hors d'état de nuire; mais, d'un autre côté, tout l'état-major, où l'on comptait plusieurs princes de la famille impériale, aurait crié à la trahison. Kutusof déclara qu'il n'avait rien à faire avec les Anglais et qu'on lui permettrait bien sans doute de ne consulter que les intérêts de la Russie. Mais Wilson, à son tour, fit entrer le duc de Wurtemberg et le duc d'Oldenbourg, oncle et beau-frère du czar, et déclara devant eux qu'il avait ordre d'Alexandre de s'opposer à toute tentative de pacification tant qu'un seul Français resterait en armes sur le territoire russe, et il invoqua le témoignage des deux princes. Ces deux Allemands, que Napoléon avait dépouillés de leurs domaines, étaient les témoins les plus intéressés à ne pas démentir Wilson. Kutusof allégua vainement la parole donnée. Placé entre la parole donnée et la crainte d'une sédition militaire et d'une accusation de trahison, il écrivit à Lauriston qu'un obstacle imprévu l'obligeait à décliner l'entrevue, à moins qu'elle n'eût lieu dans son propre camp et sous la surveillance de son geôlier, car Wilson en remplissait réellement les fonctions. Lauriston, après avoir vainement essayé de changer sa résolution, vint lui-même au camp russe, les yeux bandés, et fut introduit en présence du maréchal, de l'état-major et du terrible Wilson. Après quelques mots de conversation générale, il resta seul avec Kutusoff, et personne ne sait au juste quelle fut leur conversation. On doit croire cependant qu'elle ne fut pas fort intime, car l'un et l'autre se sentait épié, et Wilson, qui ne craignait pas de regarder par le trou des serrures, vit même remettre une lettre autographe de Napoléon au czar, que Kutusof promit d'envoyer.

Au fond, toute négociation devenait inutile. Quelles que fussent les dispositions personnelles du czar (et rien ne fait croire qu'il fût disposé à la paix), l'aristocratie russe était maîtresse et voulait la guerre à outrance. Les paroles pacifiques de Kutusof ne servaient qu'à entretenir les illusions de l'armée française et à donner aux Russes le temps de recevoir des renforts.

Napoléon était fort inquiet. Il avait reçu d'Espagne les plus fâcheuses nouvelles. Marmont venait d'être battu par Wellington à Salamanque, et le vainqueur était entré dans Madrid. En Pologne même et en Lithuanie, sa droite et sa gauche, comme on le verra bientôt, étaient compromises et reculaient devant l'ennemi; sa ligne de communication était menacée; Alexandre ne se pressait pas d'accueillir ses ouvertures de paix ; enfin il était à huit cents lieues de Paris et les Cosaques pouvaient à tout moment intercepter les dépêches; la retraite devenait donc inévitable.

Mais comment reculer sans avouer à l'Europe sa propre témérité? Comment contenir l'Allemagne exaspérée par la conscription, la guerre sans relâche, les contributions forcées, les réquisitions et le passage des troupes? L'hiver approchait. Il fallait se décider. Allait-on bivaquer à Moscou? Daru, intendant général de l'armée, le conseillait, se faisant fort de trouver des vivres pour six mois. — « C'est un conseil de lion, » dit l'Empereur; mais ni lui ni ses généraux ne pouvaient perdre Paris de vue. Rester à Moscou, c'était se condamner à ne pas revoir la France avant un an au moins. Personne n'en avait le courage. Braver les boulets, les baïonnettes, les balles et la mitraille, c'était chose facile, mais braver l'ennui d'un hiver de huit mois était au-dessus des forces de tous. Qu'on mette l'Anglais dans une forêt déserte avec sa Bible, sa pioche, son fusil et du beefsteack; il vivra. Mais le Français a besoin de société et surtout de celle des femmes. Or, on n'avait trouvé à Moscou qu'un petit nombre de Françaises, comédiennes ou modistes; et, — comme disait un soldat, — il n'y en a que pour les généraux.

Les vétérans de l'armée d'Égypte, qui avaient eu la nostalgie au milieu des sables brûlants du Désert, allaient de nouveau l'avoir dans les neiges de la Russie. De jour en jour, Napoléon voyait fuir cette paix si désirée. L'hiver accourait à grands pas. Cependant il ne pouvait se décider à donner le signal de la retraite; il signait et datait de Moscou, avec une affectation presque puérile, les décrets les plus insignifiants, — entre autres celui qui réglait l'organisation du Théâtre-Français; il faisait répandre le bruit, il disait lui-même à ses meilleurs amis que la paix était certaine, et il les trompait si complétement, que l'un d'eux, Berthier, son major général, voyant décrocher et emporter comme trophée la grande croix dorée qui était plantée sur la tour d'Ivan, au Kremlin, s'écria : « Peut-on faire des choses pareilles quand on a la paix dans sa poche! »

Mais il ne l'avait pas, on en eut bientôt la preuve. Le 18 octobre, trente-quatre jours après l'entrée à Moscou, Napoléon, qui passait la garde en revue, reçut une terrible nouvelle. La trêve était rompue. Kutusof venait de surprendre Murat dans ses cantonnements, à Vinkowo, et lui avait enlevé deux mille hommes et douze pièces de canon. Murat, qui avait tous les jours des rencontres avec les Cosaques aux avant-postes, qui recevait d'eux des témoignages continuels d'admiration et qui leur faisait souvent des présents, s'était laissé tromper comme

L'Empereur au bivac de Pnewa. — 8 novembre.

un enfant. Cependant il était assez averti par le langage même des généraux russes de se tenir sur ses gardes.

Un jour, il disait à Benningsen : « La paix est nécessaire. Je la désire comme roi de Naples. — Nous préférons la guerre, répliqua Benningsen, et si le czar parlait de négocier, les Russes le tueraient, et, pour dire la vérité, c'est mon propre avis. »

Un autre jour, Murat demanda à Miloradovich de ne pas troubler inutilement sa cavalerie quand elle irait au fourrage. « Voudriez-vous nous priver, répliqua le Serbe, du plaisir de prendre vos plus beaux cavaliers comme des poules ? »

Ainsi le langage des Russes devenait plus hardi de jour en jour et la fatigue de l'armée française plus évidente. Enfin, la saison étant devenue plus froide,

Kutusoff renforcé jugea le moment venu et reprit l'offensive. Murat eut grand'peine à se tirer de ses mains à Vinkovo; il y parvint pourtant, grâce à des prodiges de valeur; mais cet accident dissipait toutes les illusions.

Dès le 18 octobre au soir, Napoléon donna le signal du départ. Il laissa dix mille hommes au Kremlin sous la conduite du maréchal Mortier, soit pour donner le change à l'ennemi, soit qu'il fût réellement incertain de ce qu'il allait faire, et partit le lendemain avec le reste de l'armée et cette immense colonie de gens sans armes qu'il avait amenée à Moscou.

XX

La retraite.

Jamais marche ne fut plus embarrassée. Chacun avait fait ses provisions dans l'incendie. Les officiers avaient acheté de chaudes pelisses pour se garantir du froid dont ils étaient menacés; les soldats, moins prévoyants ou moins riches, étaient fort peu vêtus. Pendant l'été, embarrassés de leurs vêtements, ils les avaient jetés en partie sur la route; maintenant il était trop tard pour les remplacer. Les souliers même manquaient. Mais on avait du vin et de l'eau-de-vie en abondance. La seule difficulté était de les transporter. L'armée, renforcée par l'envoi journalier des détachements de Victor et d'Augereau, était encore composée de cent dix mille hommes environ, presque tous soldats éprouvés. L'infanterie surtout était admirable, car tout ce qui était d'un tempérament faible avait péri de fatigue ou sous le feu de l'ennemi; les plus robustes survivaient seuls. Mais la cavalerie était fort mal montée, les chevaux français et allemands étant très-fatigués par les longues marches et le manque de fourrage; et l'artillerie, par la même raison, était mal attelée; cependant Napoléon ne voulut pas abandonner une seule pièce de canon, de peur de laisser un trophée à l'ennemi; et cet orgueil militaire fut bien funeste à l'armée.

Autre embarras, plus funeste encore : quarante mille voitures de toute espèce suivaient l'armée, chargées, non de vivres, mais des dépouilles de Moscou. Des femmes enceintes encombraient la route; quelques-unes même accouchèrent pendant la marche. C'était un désordre inexprimable. Napoléon, autrefois si sévère pour lui-même et pour les siens, fermait les yeux. Son autorité et son prestige étaient diminués; il le sentait et craignait de s'exposer à une désobéissance ouverte. Il donna ses ordres, comme d'habitude, puis il feignit de croire qu'on les avait exécutés. Qu'il était loin en ce temps-là de l'ardente et fiévreuse activité de sa jeunesse!

Le projet de Napoléon (autant qu'on en peut juger par l'événement) était d'éviter la route dévastée qu'on avait suivie entre Smolensk et Moscou, et de prendre ses quartiers d'hiver à Smolensk, en traversant un pays fertile, poussant droit au sud-ouest vers Kalouga, et revenant ensuite vers l'ouest par Jelnia. C'est là qu'il avait donné rendez-vous au maréchal Victor, qui venait de passer le Niémen avec des renforts, longtemps après la grande armée. Eugène Beauharnais formait l'avant-garde, Ney venait derrière lui; puis la garde impériale, Davoust, la division Roguet (qui escortait le trésor et le quartier général), et enfin la division Morand faisait l'arrière-garde. C'est dans cet ordre qu'on alla droit sur Kalouga, et qu'après diverses marches et contre-marches sur Troïtskoï, Gorki, Fominskoï et Borowsk (car on passa alternativement de la vieille route de Kalouga à la nouvelle, dans l'espérance d'atteindre cette dernière ville sans combat), on finit par rencontrer l'armée russe rangée en bataille dans Malo-Jaroslavetz, et à droite et à gauche de cette petite ville, derrière la Luja, rivière peu profonde.

Là encore, comme pendant toute cette campagne, Napoléon avait été prévenu. Grâce aux Cosaques, dont la cavalerie infatigable courait, sans relâche, sur les flancs de l'armée française, aucun de nos mouvements ne pouvait échapper à Kutusof. Ces maraudeurs, incapables de combattre en ligne, jetaient continuellement le désordre dans nos longues colonnes, effrayaient les gens sans armes, retardaient ou interceptaient les convois, et nous faisaient plus de mal que la solide et redoutable infanterie russe. Kutusof, averti par Platof, arriva juste à point pour fermer cette route si désirée (24 octobre).

Le combat s'engagea tout d'abord : la division Delzons, avant-garde d'Eugène Beauharnais, s'empara de Malo-Jaroslavetz et ne put s'y maintenir. La ville fut prise, reprise sept fois, brûlée, et enfin Eugène Beauharnais en resta maître; mais à quel prix! six mille morts ou blessés; Kutusof en perdit encore davantage; mais il était chez lui, et recevait chaque jour des renforts. Il recula de trois quarts de lieue, et devint encore plus circonspect que d'ordinaire (1). Ce fut le seul fruit de la victoire d'Eugène Beauharnais, car la route resta fermée.

Un incident étrange marqua le lendemain de cette sanglante journée : Napoléon, qui n'avait pas assisté à la bataille, faillit être enlevé par les Cosaques, sur la route de Borowsk à Malo-Jaroslavetz. Il s'avançait, suivi seulement de trois escadrons de service, lorsque plusieurs milliers de Cosaques, et à leur tête l'hetman

(1) Les princes de la famille impériale, qui encombraient l'état-major de Kutusoff et le persécutaient de leurs conseils, affectaient de croire à sa lâcheté. « Où est-il ? demanda le duc d'Oldenbourg à Wilson. — Là, répliqua l'Anglais, en désignant un gros arbre assez éloigné. — Vous vous trompez, dit Oldenbourg ; il n'ira jamais là, car j'ai vu passer un boulet dans cette direction. »

Platof lui-même, cachés jusque-là par les bois et par un pli de terrain, se précipitèrent au galop sur lui en poussant des hourras. L'escorte, trop peu nombreuse, courut au-devant d'eux pour lui laisser le temps de fuir, et fut rompue. Napoléon ne fut sauvé que par l'arrivée des dragons de la garde, qui le suivaient à quelque distance. A dater de ce jour, il ne voyagea plus, pendant toute la retraite, qu'enfermé dans un carré de la garde, dont la seule vue tenait en respect tous les Cosaques de Platof.

Après avoir examiné le champ de bataille et reconnu la position des Russes, il jugea qu'il était impossible d'aller plus loin, et, quoiqu'il lui en coûtât de reprendre la route qu'il avait déjà suivie de Smolensk à Moscou, il ordonna de changer de front et de revenir sur Mojaïsk. Déjà, dès le 20 octobre, il avait donné l'ordre à Mortier, resté seul à Moscou avec dix mille hommes de la garde, d'évacuer la ville et de faire sauter le Kremlin. Mortier obéit à cet ordre insensé, qui ne pouvait que marquer la colère impuissante de Napoléon, et redoubler la fureur des Russes, à qui l'on avait persuadé que nos soldats brûlaient Moscou. C'était rendre la guerre encore plus atroce, au moment même où commençaient nos désastres. Par bonheur, la mine, mal chargée, fit peu de dégât, et Mortier, pressé de partir, ne perdit pas de temps à la recharger. Il emmenait avec lui deux prisonniers : le Wurtembergeois Wintzingerode, l'un de ces réfugiés allemands qui avaient tant contribué à exciter la guerre entre les Français et les Russes, et un jeune Russe, Narischkin. Napoléon, que le malheur rendait furieux, reprocha durement à Wintzingerode de porter les armes contre son roi et sa patrie (et, en effet, il y avait un corps wurtembergeois dans l'armée française), et le menaça de le faire fusiller; mais l'Allemand en fut quitte pour la peur. Quelques jours plus tard, il fut délivré par les Russes, aussi bien que Narischkin, pendant qu'on le menait prisonnier en France.

C'est le 25 octobre que l'armée française, tournant du sud au nord, et de Malo-Jaroslavetz à Mojaïsk, reprit l'ancienne route de Smolensk, déjà couverte de tant de ruines et de cadavres. Cette fois, aucun doute n'était possible, on revenait franchement en arrière.

Plus d'espoir de paix ni de bons cantonnements; plus rien, si ce n'est Smolensk, où Napoléon avait donné ordre d'amasser des approvisionnements immenses. Là, du moins, on espérait se refaire, se rallier, se renforcer, braver, au coin du feu, l'hiver, aussi rude pour les Russes que pour nous, et attendre le printemps de 1813. Ce parti n'était pas héroïque, mais il paraissait sûr. Grâce au coup frappé à Malo-Jaroslavetz, on pouvait espérer que Kutusof ne se montrerait pas trop pressant, et, si l'hiver avait la bonté d'attendre, on pouvait se retirer en bon ordre. Au reste, on n'avait pas le choix. Par malheur, les soldats le savaient aussi bien que leur chef. Une chose surtout les épouvantait. Depuis Malo-Jaroslavetz, tous les blessés étaient abandonnés. Dès lors, qui voudrait se battre et sauver les autres, en courant le risque de se perdre soi-même? Les voitures ne manquaient pas cependant; mais les officiers ne voulaient pas jeter leur bagage et leur butin pour faire place aux blessés; les chevaux s'épuisaient à traîner des canons inutiles, et les soldats, fatigués, se couchaient avec désespoir sur la route, en attendant l'arrivée des Cosaques.

Les Russes, au contraire, étaient dans l'état le plus florissant. De toutes parts affluaient les vivres, les armes, les canons, les recrues et les dons patriotiques.

L'incendie de la sainte Moscou, attribué à nos soldats par ce gouvernement per-

Arrivée de la garde à Smolensk.

fide et menteur, excitait dans toute la nation une rage effroyable. Le czar lui-même, plus honnête homme pourtant que son entourage, profitait de ce bruit sinistre que le simple bon sens aurait démenti, si un peuple ignorant pouvait raisonner de sang-froid.

S'il faut en croire un témoin oculaire, Wilson, très-disposé, il est vrai, à se vanter de la part qu'il prit à la ruine de l'armée française et à décrier Kutusof, la destinée de la Russie, après Malo-Jaroslavetz, ne tenait qu'à un fil. Si Napoléon, au lieu de reculer, avait fait un pas en avant, Kutusof était décidé à se retirer au sud-est derrière l'Oka, affluent du Volga. Il y eut même à ce sujet entre le général russe et Wilson une querelle assez vive. « Je veux faire un pont d'or à l'ennemi, dit Kutusof, et non pas m'exposer à en recevoir un coup de boutoir;

d'ailleurs, je ne suis pas certain que la destruction totale de Napoléon et de son armée soit un bienfait pour le monde, car, dans ce cas, ce n'est pas la Russie qui en profiterait, ni aucune autre puissance du continent, mais celle qui est déjà maîtresse de la mer, et je ne veux pas travailler pour les Anglais. » Réflexion très-juste et très-sensée.

Quelles que fussent les raisons de Kutusof, son inaction après le combat de Malo-Jaroslavetz et ensuite la mollesse de la poursuite sauvèrent non pas l'armée française, mais ses débris. Il n'avait que faire d'employer la mitraille contre nos malheureux soldats; il suffisait de les obliger à revenir sur leurs pas. Le froid et la faim étaient des ennemis plus redoutables que Platof, Benningsen, Kutusof et Miloradovich.

C'est ce dernier qui fut chargé de harceler l'arrière-garde de Napoléon. Il avait en tête le ferme et inébranlable Davoust, car l'avant-garde était composée de la garde impériale, toujours réservée et tenue hors du péril. C'est là qu'était l'Empereur. Murat et Ney suivaient la garde et le grand quartier général. Au centre, derrière eux, était Eugène Beauharnais.

La tâche de Davoust était fort difficile. Il était forcé d'attendre les traînards, de réparer les ponts et les routes, souvent encombrés ou détruits par le passage de l'artillerie et des voitures; il était constamment tenu en haleine par les hourras des Cosaques; enfin (et c'était là le plus grand danger), il ne pouvait pas emmener les blessés. Ces pauvres gens, les plus braves, les mieux disciplinés et les plus dévoués de toute l'armée, étaient sacrifiés au salut de tous. Pour comble de misère, après la garde, à laquelle on fit, aussi longtemps que possible, des distributions régulières de vivres, ce qui restait dans les villages devenait la proie du corps de bataille; et Napoléon, furieux de faire retraite, faisait brûler sur son passage les villages abandonnés, de sorte que l'arrière-garde bivaquait en plein champ.

C'est ainsi qu'on fit la route de Wéréja à Mojaïsk et à Borodino. L'armée, revoyant le terrible champ de bataille de la Moskowa, en eut horreur. Soixante mille morts, qu'on n'avait pas pris le soin d'ensevelir, couvraient le plateau et les ravins où l'on avait combattu. Une odeur épouvantable corrompait l'air. Russes et Français gisaient pêle-mêle, aussi négligés les uns que les autres. Çà et là, des amas de cadavres, presque tous à demi dépouillés, des débris de voitures renversées, des affûts brisés, des casques, des cuirasses, des sabres abandonnés. A l'approche des soldats, des nuées de corbeaux s'envolèrent pesamment, et, s'apercevant que l'armée laissait d'autres cadavres dans sa marche, la suivirent. Désormais, ils ne devaient plus manquer de nourriture jusqu'au passage du Niémen.

De Borodino à Smolensk, la marche fut très-lente et constamment interrompue par les attaques des Cosaques. La cavalerie du corps de Davoust étant presque entièrement démontée, l'infanterie faisait seule le pénible service de la retraite, recevant l'ennemi sur ses baïonnettes, enlevant son artillerie devenue trop pressante, et poussant les traînards devant elle. Miloradovich harcelait Davoust, lui envoyant des volées de mitraille, cherchant à couper avec sa cavalerie une partie de la longue colonne que formait la grande armée, mais n'osant pas se mettre franchement en travers de la route et respectant encore ces braves soldats qui avaient vaincu l'Europe.

C'est ainsi qu'on traversa Giat, où déjà le froid humide se faisait sentir; puis Czarewo-Zaimisché, dont le défilé, encombré de voitures et de munitions, ne fut traversé qu'avec peine. A Wiasma le trouble augmenta, et Miloradovich, renforcé et voyant la détresse des Français, essaya de couper la route avec son artillerie. Eugène Beauharnais et Davoust, se réunissant, se précipitèrent sur les canons des Russes, tuèrent les artilleurs et se firent jour malgré l'infériorité du nombre. Ce fut le premier essai sérieux de couper la retraite à l'armée française, et cet essai annonçait l'arrivée de Kutusof.

Le vieux feld-maréchal marchait en effet sans trop de hâte. Il voyait clairement que la campagne était à lui, et il ne se souciait pas de compromettre dans une bataille inutile ses propres soldats. Son armée, d'ailleurs bien nourrie, bien pourvue de tout et surtout de cavalerie et d'artillerie (il avait trente mille cavaliers), n'avait pas la solidité de celle qui soutint avec tant de courage le terrible choc de la Moskowa. La plupart de ses soldats étaient des recrues. Sa prudence était donc fort naturelle.

Le combat de Wiasma ne décida rien. Il augmenta le nombre des blessés, des débandés et des traînards; mais Davoust, jusque-là sacrifié à l'arrière-garde et sans vivres, eut enfin la permission de marcher au centre. Napoléon, toujours entouré de sa garde bien nourrie, enlevant et brûlant tout sur son passage, ne s'occupait de l'arrière-garde que pour blâmer amèrement ses lieutenants.

Il fut très-mécontent du combat de Wiasma, et blâma très-vivement Davoust, comme s'il avait eu le droit de reprocher à qui que ce fût des maux dont il était le seul auteur. En aucun temps de sa vie, il ne sut faire retraite. Ce génie, si prompt et si audacieux dans l'attaque, perdait son sang-froid dans la déroute. On voit que dès ce temps-là il craignait d'être pris et d'être un trophée vivant aux mains de ses ennemis. Vers Dorogobouge, le danger croissant toujours, son chirurgien Ivan lui donna un poison enfermé dans un sachet qu'il portait sur sa poitrine; précaution terrible et nécessaire contre les surprises et les insultes des Cosaques.

Davoust ne fut pas surpris des reproches injustes de l'Empereur. Il n'avait pas l'âme d'un courtisan, et sa fermeté n'était pas moins grande contre Napoléon que contre l'ennemi. Mais comme les flatteurs se hâtaient de rejeter sur lui tous les malheurs de la retraite, il céda volontiers son rôle au maréchal Ney, qui se vantait bruyamment de mieux faire (1). Du reste, il était temps, car son corps

(1) Ney écrivait à Napoléon, immédiatement après l'action :

« De meilleures dispositions auraient pu produire un résultat plus favorable : le plus malheureux événement de la journée de Wiasma, c'est que mes soldats aient été témoins du désordre du 1er corps (Davoust)... Je suis obligé de dire la vérité à Votre Majesté. Je ne puis être responsable comme si je commandais seul la retraite.... »

d'armée, à demi détruit ou débandé, ne comptait plus que sept ou huit mille hommes, reste de trente mille qui avaient quitté Moscou. Heureusement, dans la joie même de leur triomphe inattendu, les Russes craignaient toujours quelque retour de fortune. « Les Français, disait Joseph de Maistre, ne sont vaincus que par les éléments. Qu'on leur rende le pain, le foin et les vêtements, et nous ne ferions pas mal de partir de Pétersbourg. » Le spectre des victoires passées tenait encore Kutusof en respect.

XXI

Ney. — Conspiration Malet. — Krasnoé.

Si le maréchal Ney avait eu tort d'accuser la lenteur ou l'inertie de Davoust, il ne tarda pas à s'en repentir. Cet intrépide soldat, qui s'était illustré déjà en couvrant contre Wellington la retraite de l'armée de Masséna au travers du Portugal, devait donner en Russie des preuves encore plus éclatantes de son courage.

L'armée était déjà fort compromise lorsqu'il prit, le 2 novembre, le commandement de l'arrière-garde. Sur la route, pendant trois lieues, à partir de Wiasma, on ne voyait plus, dit un témoin, que des cadavres, des corbeaux et des Cosaques. C'est à ces signes qu'on reconnaissait le passage de Napoléon. A Semlewo, il reçut plusieurs dépêches très-importantes : l'une venait de Paris ; les autres de Wilna où Maret, duc de Bassano, chargé de toute la correspondance impériale, remplissait les fonctions d'un chef d'état-major, quoiqu'il eût le titre de secrétaire d'Etat.

La dépêche de Paris était étrange et inquiétante. Un ancien officier franc-comtois de l'armée du Rhin, le général Malet, enfermé, par mesure de précaution, suivant la coutume de la police impériale, dans une prison d'Etat, puis transféré après plusieurs années dans une maison de santé, avait organisé, avec un abbé royaliste et visionnaire, la plus singulière conspiration dont on ait entendu parler. Bien pourvu d'uniformes (c'était la partie essentielle du complot) et de pièces authentiques scellées du sceau du Sénat, il sortit la nuit de la maison où il était enfermé, fit mettre en liberté deux autres généraux républicains enfermés comme lui, dont l'un, Laborie, était ancien chef d'état-major de Moreau, persuada au commandant d'une cohorte que Napoléon était mort, entraîna ce brave homme et sa cohorte, arrêta le duc de Rovigo, ministre de la police, cassa la tête d'un coup de pistolet au général Hulin, commandant de Paris; ordonna au préfet de la Seine Frochot (qui obéit sans hésiter), de préparer à l'Hôtel-de-Ville une salle

Combat dans les bois de Krasnoé. — 15 novembre.

pour les séances du gouvernement provisoire; et il allait proclamer enfin la république, lorsqu'un contre-temps fit avorter son entreprise et le fit arrêter avec ses amis.

En un clin d'œil, le gouvernement impérial avait failli sombrer sans retour. Tout Paris éclata de rire en apprenant que le terrible duc de Rovigo était tombé dans un pareil piége, et que cette police si redoutée n'avait rien connu et rien su prévenir. Une pluie de calembours tomba sur le malheureux ministre de la police : représaille bien faible de sa tyrannie. Lui, pour épouvanter les rieurs, fit juger par un conseil de guerre et fusiller une douzaine de personnes qui avaient suivi Malet de bonne foi ; mais Savary n'en fut que plus exécré, sans devenir pour cela moins ridicule. Quant à Malet, ce républicain intrépide à qui Rome eût élevé des statues, il mourut en héros, sans daigner se défendre devant ses juges. A quoi bon? Son sort n'était-il pas décidé d'avance!

Cette leçon fit réfléchir Napoléon. Il sentit, mais trop tard, qu'ayant refusé la liberté à la France, il était constamment à la merci d'un coup de main, et qu'ayant fondé son autorité sur la guerre « viagère », il épuisait et irritait la nation. Ce qui l'étonna le plus, ce fut la docilité de Frochot. Ce digne préfet, tout prêt, sur l'ordre du premier venu, à proclamer le premier gouvernement venu, ces soldats qui obéissaient sans s'étonner à un inconnu portant les épaulettes de général, cette police si soupçonneuse et si détestée, et néanmoins si inutile, tout cela devait le faire trembler. « ... Après douze ans de gouvernement, disait-il, après mon mariage et la naissance de mon fils, après tant de serments, ma mort peut devenir un moyen de révolution! Et Napoléon II, on n'y pensait donc pas? »

Mais des soins plus pressants l'arrachèrent bientôt à ses réflexions. Jusqu'à Dorogobouge (petite ville à vingt lieues de Smolensk), il avait espéré, ou cru ou fait semblant de croire qu'il ravitaillerait l'armée à Smolensk, qu'il recevrait des renforts, reprendrait l'offensive et renverrait Kutusof sur la route de Kalouga; mais là, toute illusion devint impossible, et Ney lui-même, *le brave des braves*, lui dit avec emportement : « Sire, vous voulez combattre et vous n'avez plus d'armée! »

Les nouvelles de Smolensk et de Wilna étaient alarmantes. L'aile droite de la grande armée, composée du corps saxon de Reynier, des Polonais de Dombrowski et des Autrichiens de Schwartzenberg, aurait dû garder le cours du Dniéper. Point du tout : soit inertie calculée de Schwartzenberg, qui avait ordre de ménager les Russes, soit supériorité militaire de ceux-ci, l'amiral Tchitchagof, qui commandait l'armée de Moldavie, s'avançait à grandes journées dans l'espérance de couper les communications de Napoléon avec Wilna.

Cet amiral, devenu subitement général de terre, à peu près comme le roi Jérôme, est une des figures les plus curieuses de la cour du czar. C'était un homme d'esprit, original, violent, despotique, élevé et marié en Angleterre, et fort persuadé par conséquent de la supériorité du gouvernement aristocratique sur la démocratie et le gouvernement absolu. Comme il parlait librement de toutes choses, il plut beaucoup au czar, qui se défiait de lui-même, contre l'ordinaire des princes, et qui ne craignait pas d'être contredit. Tchitchagof, s'apercevant qu'il faisait sa cour tout en suivant son humeur naturelle, n'épargna rien, ni personne, pas même le favori du maître, le despotique Arrakchéief. Celui-ci le fit disgracier quelque temps. Tchitchagof, sans s'émouvoir, profita de cette disgrâce pour voyager en France, et revint plus frondeur que jamais. Quand la guerre de 1812 éclata, Kutusof, commandant de l'armée de Moldavie, fut rappelé à cause de sa lenteur à traiter avec les Turcs, et Tchitchagof fut mis à sa place; mais le rusé Kutusof, prévenu deux jours d'avance de sa disgrâce, se hâta de conclure une paix qui coûta cher au grand vizir, car le sultan Mahmoud lui fit couper la tête à son retour, ainsi qu'aux deux Mourouzi, mi-Valaques, mi-Phanariotes, qui avaient décidé le vizir à traiter. Cependant la paix fut maintenue.

Tchitchagof reçut alors l'ordre de quitter la frontière moldave et de revenir vers Minsk, ou tout au moins vers le Dniéper, pour fermer le passage à Napoléon. Il hésita quelque temps; il voulait attaquer Varsovie ou Constantinople. « *Pendant ce temps*, raconte Joseph de Maistre, *l'un disait : L'amiral est en panne; l'autre : Il est à l'ancre; un troisième : Il a le vent contraire!* » Mais enfin il se décida à marcher du sud au nord, sur Minsk, où il fit sa jonction avec Wittgenstein, qui venait du nord au sud, et de ce jour-là il eut le vent en poupe. Tous deux réunis allaient arrêter Napoléon à la Bérésina.

Cette réunion de deux armées russes du nord-ouest et du sud-est, sur les derrières de Napoléon, ne s'était pas faite sans combat. La campagne de Wittgenstein contre Oudinot et Gouvion Saint-Cyr, aux environs de Polotsk, en Lithuanie, et sur les deux rives de la Dwina, fut extrêmement laborieuse. Wittgenstein, d'abord inférieur en nombre, était chargé de couvrir la route de Pétersbourg. Sa principale défense, quoiqu'il sût bien son métier, était moins dans la guerre ouverte que dans la stérilité du pays où l'on allait manœuvrer. Oudinot, à la tête d'une armée supérieure en nombre, manquait de tout, envoyait un tiers de ses soldats à la maraude pour suppléer à la disette de magasins, et n'osait marcher en avant de peur de mourir de faim. Cependant, la frayeur était grande à Pétersbourg. Macdonald, aidé du corps prussien, menaçait Riga. S'il avait pu joindre Oudinot, et s'ils avaient eu des vivres, ils auraient poussé Wittgenstein jusqu'au pôle nord sans obstacle, car il n'avait pas d'abord trente mille hommes à leur opposer. La capitale était dans l'épouvante; on emballait tous les meubles précieux. « ...On a brûlé, depuis un mois, à Pétersbourg, plus de papier qu'il n'en faudrait pour rôtir tout le bétail de l'Ukraine... Je n'ai rien vu trembler d'aussi grand; et d'ailleurs on pouvait reculer jusqu'ici, mais dans ce moment il n'y a derrière nous que le Spitzberg. » (Joseph de Maistre, 23 septembre 1812.) Mais bientôt l'incendie de Moscou, la pluie, le froid croissant et trente-cinq mille hommes de vieilles troupes que la neutralité de Bernadotte et des Suédois permit d'envoyer à Wittgenstein, rétablirent les affaires des Russes. On compte trois ou quatre batailles aux environs de Polotsk. Oudinot fut repoussé et blessé dans la première (juillet 1812); Gouvion Saint-Cyr, son successeur, gagna la seconde (août); dans la troisième, Wittgenstein, renforcé, prit d'assaut Polotsk (fin d'octobre).

On voit la progression. Saint-Cyr, affaibli par ces combats, se replia derrière l'Oula, affluent de la Bérésina. Dès lors, la Lithuanie était entamée au nord et au sud.

On ne pouvait donc plus compter sur les quartiers d'hiver de Smolensk. Il fallait reculer jusqu'à Wilna. La détresse de l'armée croissait toujours. La neige tombait à gros flocons et couvrait les soldats au bivac. On allumait le feu, et cette neige fondue devenait une boue épaisse. Les soldats perdaient courage. Napoléon lui-même paraissait ne plus se soucier que de son propre salut. Il n'attendait personne...

L'intervalle entre les diverses colonnes s'élargissait chaque jour, et l'arrière-garde, privée de tout, ne gardait plus ses rangs que par un miracle de discipline.

On vit alors une chose singulière et dont les Russes parurent vivement frappés. Nos Français prisonniers gardaient au milieu du camp ennemi une contenance admirable. Aucun d'eux n'accusa Napoléon de ses maux, pas même ceux que la conscription avait récemment arrachés de leurs foyers. Ni menaces, ni caresses, ni privations ne leur arrachèrent une seule parole contre l'Empereur. C'est « la chance de la guerre, » disaient-ils, ou c'est « le destin. » Un seul, poussé à bout, c'était peut-être un ancien conscrit réfractaire, laissa échapper que Napoléon était trop « *ambitionnaire*. » L'orgueil national les soutenait dans la défaite. Ils ne voulaient pas renier, dans la défaite, celui qui jusque-là leur avait donné la victoire. Renier Napoléon, pour eux, à ce moment-là, c'était renier la France.

On les traitait d'ailleurs avec une férocité épouvantable et que le gouvernement russe a pu justement se reprocher, car les paysans étaient exaspérés par le bruit calomnieux que nos soldats avaient brûlé Moscou. On les dépouillait de leurs habits, et, par un froid de vingt-cinq degrés, on les livrait à la fureur des femmes. Il y eut des scènes atroces.

L'Anglais Wilson, qui en fut témoin, raconte qu'étant à cheval avec Benningsen, Miloradovich, le grand-duc Constantin, frère du czar, et un nombreux état-major, il vit Constantin s'approcher d'un prisonnier garrotté, le questionner sur son âge, son grade, sa famille, lui demander si la mort ne serait pas pour lui un bienfait, et, sur la réponse affirmative du Français, lui abattre la tête d'un coup de sabre. Ce trait, presque incroyable, ne dément pas ce qu'on connaît du caractère de ce misérable, qui s'était bien gardé de paraître à Smolensk et à Borodino, de peur des boulets et des balles. C'est cet indigne frère d'Alexandre qui, plus tard, a gouverné la Pologne, et que es Polonais chassèrent honteusement en 1831. Digne fils de l'insensé Paul Ier, et digne petit-fils de l'idiot Pierre III !

A Dorogobouge, Eugène Beauharnais prit la route de droite et se dirigea sur Witepsk. Il s'agissait d'écarter Wittgenstein de la route que suivait la grande armée. Mais Witepsk était déjà au pouvoir des Russes, et Eugène revint vers

Smolensk, en traversant une petite rivière gelée, le Vop, et abandonnant aux Cosaques son artillerie et ses blessés.

L'arrière-garde.

Il y trouva Napoléon et sa garde, qui toujours pressés de se mettre à couvert, étaient entrés les premiers dans Smolensk, et s'étaient emparés de tous les vivres dont on put disposer. Mais c'était peu de chose. Le lendemain, il ne restait plus rien pour l'arrière-garde : nouveau sujet de désespoir, car, outre la faim, on ne pouvait se chauffer dans la ville qui avait été incendiée trois mois auparavant. Les cris redoublèrent contre l'égoïsme et l'avidité de la garde. Des bandes de maraudeurs s'organisèrent, vivant aux dépens des corps organisés, pillant et détruisant tout, faisant çà et là le coup de feu avec les Cosaques, soutenant des siéges en règle dans les villages à demi brûlés, n'obéissant à personne et ne connaissant plus que la loi du salut individuel. Dans cette effroyable misère, tous les liens qui unissent les hommes étaient relâchés ou rompus.

Enfin Napoléon quitta Smolensk, la garde impériale en tête, puis Eugène Beauharnais, puis Davoust, — et Ney le dernier. Chacun de ces corps devait être à une demi-marche du précédent. Disposition contraire au bon sens, puisqu'ils ne pouvaient se secourir mutuellement. Peut-être Napoléon espérait-il ainsi arrêter les Russes et avoir le temps de regagner cette frontière si désirée du Niémen : du moins on ne trouve aucune autre explication raisonnable d'un fait si contraire à tous les usages militaires et à sa propre tactique. Pourquoi ne suivit-il pas la rive droite du Dniéper, ce qui l'aurait dispensé de traverser de nouveau le fleuve et l'aurait reporté aux sources de la Bérésina, dont le passage devait lui être si funeste? On l'ignore. Pendant toute cette marche, il suivait l'armée d'un air engourdi et ne s'éveilla, comme on le verra bientôt, qu'à l'approche de la Bérésina. Là, il est vrai, à la promptitude avec laquelle il trompa trois armées ennemies, construisit deux ponts et s'échappa, on put reconnaître l'ancien Napoléon.

Mais, au sortir de Smolensk, on avait un passage bien dangereux à franchir, le défilé de Krasnoé. Cette fois, Kutusof jugea que le fruit était mûr et qu'il pouvait le cueillir. Il s'établit franchement en face de l'armée française, « en se couvrant de six cents canons. » Il avait quatre-vingt mille hommes. Napoléon, en y comprenant ceux qu'il laissait derrière lui, avait environ quarante mille soldats; pour le moment, il n'avait sous la main que la garde. Ce corps d'élite, si longtemps ménagé aux dépens du reste de l'armée, allait enfin montrer ce qu'il savait faire.

Mais Kutusof n'eut garde d'attendre le choc. Il ouvrit ses rangs avec respect devant la garde impériale et laissa Napoléon s'établir à Krasnoé, puis il reprit son poste et se trouva en face d'Eugène Beauharnais, dont le séparait un ravin profond où coule la Lossmina, affluent du Dniéper. La route était étroite et encaissée, et, des hauteurs, le feu de l'artillerie russe plongeait dans le ravin.

La disproportion des forces était prodigieuse; mais Eugène Beauharnais, qui montra beaucoup de courage et de constance dans cette retraite, n'en fit pas moins ses dispositions comme si, du premier choc, il avait dû enfoncer l'armée russe et donner la main à Napoléon. Son corps d'armée, déjà épuisé par une marche inutile sur Witepsk et mal reposé à Smolensk, se battit avec un courage désespéré. La moitié de ses soldats périt; la nuit sauva le reste. Pendant que la division Broussier, presque détruite, continuait le feu et attirait l'attention de l'ennemi, Eugène fit un détour à droite, tourna la gauche des Russes et rejoignit Napoléon à Krasnoé. Quatre cents hommes seulement de la division Broussier, parmi lesquels les généraux Lariboisière et Eblé, échappèrent à la mort et furent recueillis le lendemain par Davoust.

Celui-ci n'était pas de ceux qu'on peut prendre. A la vue des Russes, comme il n'avait pas d'artillerie, il ne s'arrêta pas à tirailler ou à faire le coup de fusil. Il forma ses troupes en colonne serrée, et marcha sur l'ennemi à la baïonnette, sans brûler une cartouche. Par bonheur, Napoléon, qui se repentait, même dans l'intérêt de sa sûreté, d'avoir abandonné ses lieutenants, sortit de Krasnoé avec sa garde et fit diversion sur les derrières de l'ennemi. En un instant, Davoust eut traversé le ravin et s'établit sur le plateau opposé, bravant, avec la garde, le feu des canons russes et les charges de la cavalerie (1). A son tour, il voulait attendre Ney.

Mais Napoléon en avait fait assez pour sa gloire et son salut. Il avait encore deux grandes rivières à passer, le Dniéper, à Orcha, et la Bérésina, à Borisow. Il ne voulut pas se laisser prévenir par l'ennemi. Il partit donc, laissant à Davoust l'ordre contradictoire de le suivre et de donner la main à Ney. Davoust tint bon quelque temps, mais enfin, pressé par les cris de ses soldats, il suivit Napoléon, et Ney resta seul en face de l'ennemi.

XXII

La Bérésina.

Ce fut le moment le plus critique et le plus glorieux de la vie de ce héros. Depuis Dorogobouge, Michel Ney avait fait le dangereux service de l'arrière-garde, donnant l'exemple à tous, tirant des coups de fusil, croisant la baïonnette, forçant les épuisés et les découragés à reprendre courage et à le suivre. Quand on quitta Smolensk, c'est lui qui resta le dernier et qui fut chargé de mettre la clef sous la porte. Il avait ordre de miner les remparts et de les faire sauter.

Il exécuta sa mission en conscience et partit. En avant de Krasnoé, il aperçut l'armée russe et ne douta pas de la traverser de part en part, comme avait fait Davoust. Il croyait trouver Napoléon dans Krasnoé; mais le grand Empereur était déjà loin.

La bataille commença vers trois heures de l'après-midi. Un brouillard permit

(1) Il perdit, au dire de Wilson, sa voiture, où l'on trouva son bâton de maréchal et des cartes de l'Asie centrale et de l'Inde, que Napoléon avait fait dessiner avec le plus grand soin.

aux Français d'escalader la hauteur sans être d'abord aperçus; mais, à quelques pas de distance, ils reçurent la mitraille de quarante canons et se battirent vainement à la baïonnette. Le nombre l'emporta. « J'ai vu, disait un témoin, un combat de géants, corps à corps. Ney, voyant son corps d'armée réduit de sept mille hommes à trois mille, profita de la nuit et s'enfonça au hasard dans les bois, cherchant la direction du Dniéper. Miloradovich, qu'il avait en tête, le croyant ébranlé, ou peut-être voulant s'assurer de sa position, lui envoya un parlementaire et lui offrit une capitulation honorable. Ney retint le parlementaire et continua sa route. Il échappa aux Cosaques de Platof qui le cherchaient dans les bois, traversa le Dniéper et se dirigea vers Orcha, où était le rendez-vous général de l'armée. A quatre lieues de la ville, on aperçut une longue ligne de feux, qu'on crut être ceux de l'armée de Kutusof. « Nous sommes perdus! » dit quelqu'un. Mais Ney, sans se décourager, se précipita au pas de course sur cette ligne de feux et ne rencontra personne. C'était une ruse de Platof pour retarder la marche de Ney et donner à Kutusof le temps de l'atteindre.

Une lieue plus loin, on aperçut Eugène Beauharnais, qui accourait plein de joie pour secourir Ney. Les deux troupes s'embrassèrent avec des transports de joie. L'émotion de Napoléon ne fut pas moindre. « J'aurais donné deux cents millions, dit-il, pour sauver Ney ! »

Celui-ci ne ramenait que quinze cents hommes sur sept mille. Le reste était mort ou prisonnier; mais l'honneur de la grande armée était sauvé. Aucun de ses corps, en quelque danger qu'il pût être, n'avait mis bas les armes devant l'ennemi.

Passé le Dniéper, il ne restait plus qu'un dernier obstacle à franchir : la Bérésina. La route était fort bien tracée d'Orcha sur le Dniéper au pont de Borisow sur la Bérésina, de Borisow à Minsk où l'on avait amassé des magasins considérables, et de Minsk à Wilna. C'est entre Minsk et Wilna que la retraite allait s'arrêter, suivant les prévisions de Napoléon; mais, comme tout devait lui manquer à la fois dans cette terrible campagne, il apprit tout à coup que Wittgenstein, qui aurait dû être rejeté par Victor et Oudinot au delà de la Dwina, vers Polotsk, s'avançait au sud vers Borisow, poussant devant lui les deux maréchaux. De son côté, l'amiral Tchitchagof, avec l'armée de Moldavie, trompant la surveillance de Reynier et de Schwartzenberg (dont le zèle était fort suspect), avait enlevé les magasins de Minsk, amassés à grands frais par ordre du duc de Bassano, et le pont de Borisow, si nécessaire au passage de la grande armée.

Ainsi le passage était fermé par deux armées russes, et Kutusof pouvait suivre par derrière et attaquer l'arrière-garde. Tout le pays était rempli de Cosaques. Les courriers ne passaient plus que sous l'escorte d'un régiment. La plupart des lettres étaient interceptées : une, entre autres, assez curieuse, du roi de Bavière, à qui Napoléon demandait des renforts : « Je ne puis pas vous envoyer un régiment, disait le candide Allemand; si je pouvais le faire, croyez bien que je ne me ferais pas tirer l'oreille. »

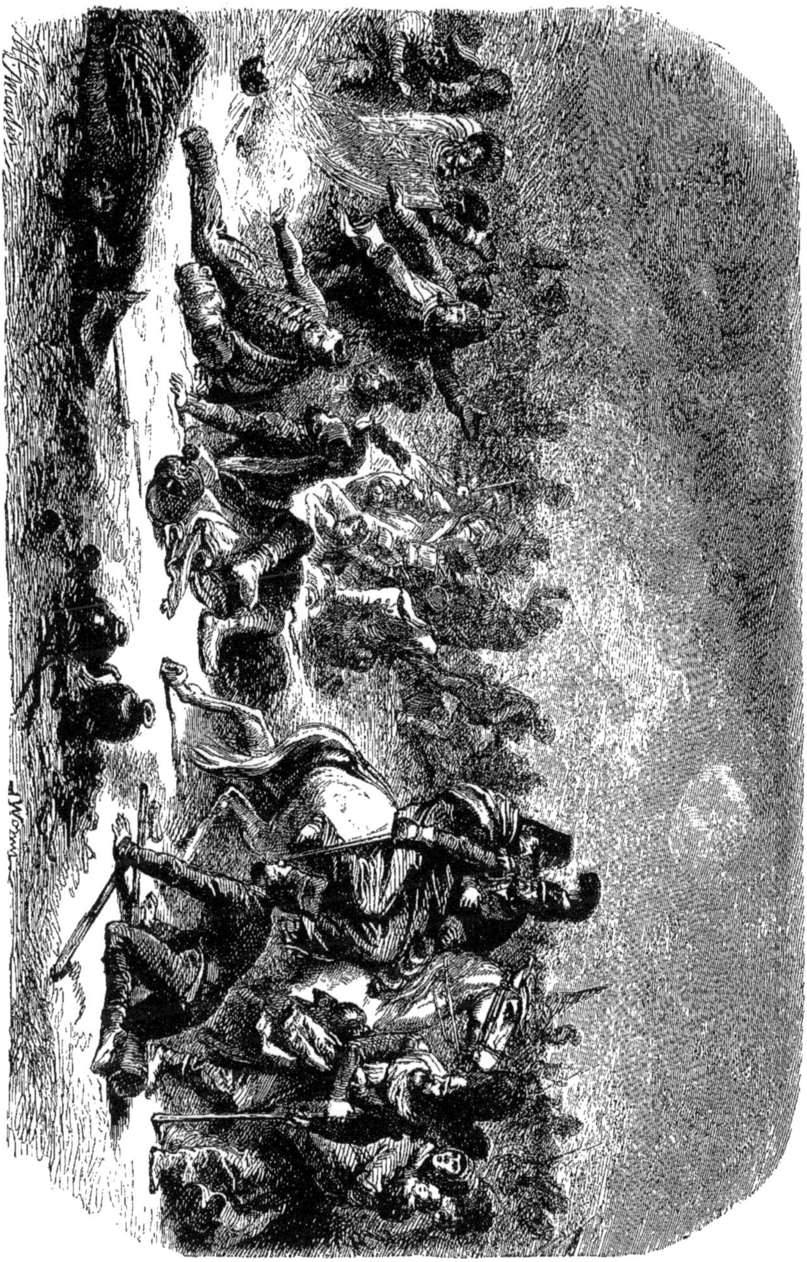

Passage de la Bérésina.

Au reste, grâce aux troupes qui n'avaient pas cessé de passer le Niémen et d'entrer en Russie depuis le commencement de la campagne, il restait à Napoléon environ cinquante mille combattants, dont la moitié appartenait aux corps de Victor et d'Oudinot, et avait moins souffert que le reste de l'armée, car ils n'avaient pas quitté la Lithuanie. C'était à eux, surtout, de rouvrir la route de Wilna.

Oudinot reprit Borisow, mais inutilement. Tchitchagof s'était retiré en brûlant le pont. De son côté, Victor bataillait au nord contre Wittgenstein pour l'empêcher de s'opposer au passage, car un heureux hasard avait fait découvrir au général Colbineau le gué de Studianka. C'est là que par un froid horrible il fallait construire deux ponts : l'un pour les voitures, l'autre pour les hommes.

Ce fut la plus cruelle épreuve de la campagne. A tout moment on pouvait être interrompu par les Russes. L'eau de la Bérésina était glacée. Les pontonniers hésitaient. Leur chef, le général Eblé, l'un de ces anciens soldats de l'armée du Rhin, qui ne connaissaient que la patrie, donna l'exemple et se jeta dans l'eau le premier : dévouement mille fois plus difficile que celui du soldat qui affronte les balles. La rivière charriait des glaçons énormes. Il fallut consolider les pieux qui fléchissaient sous le poids de l'artillerie. Eblé demeura inébranlable, et c'est à son héroïsme que l'armée dut son salut.

Le 26 novembre, le passage commença, pendant qu'Oudinot feignait de vouloir construire un pont au-dessous de Borisow, à quatre lieues de Studianka. Le 27, Victor arrivait à Studianka poursuivi par Wittgenstein, et le combat commença de toutes parts; Kutusof venait de son côté, Tchitchagof enfin disputait le passage. Ce dernier était le moins dangereux. La garde et Oudinot passèrent le pont et percèrent l'armée russe, après un combat assez court. Victor, après avoir soutenu pendant deux jours le terrible effort des Russes, voyant leur artillerie menacer les ponts et ne pouvant plus les écarter, traversa la rivière, laissant sur la rive gauche une de ses divisions, qui fut entièrement détruite. Après quoi, Eblé mit le feu au pont.

Ce combat dura deux jours et fut acharné ; mais ce qu'on ne saurait peindre, c'est l'effroyable consternation de cette masse de fugitifs, hommes, femmes et enfants, tous sans armes, qui restaient avec un butin immense aux mains des Russes.

Les boulets, frappant au milieu de cette masse compacte, y faisaient à peine des vides. On n'entendait que des cris et des supplications. Les Cosaques, détournés du meurtre par le pillage, poussaient devant eux avec leurs lances cette foule désarmée et la dépouillaient de tout.

L'histoire de France n'offre pas d'autre exemple d'un pareil désastre, car presque tous ces malheureux prisonniers périrent bientôt de froid et de misère.

Quarante mille hommes environ, Français et étrangers, dernier débris de la grande armée, repassèrent la Bérésina à la suite de Napoléon. Ce qui est singulier, c'est que les deux tiers de cette troupe étaient Allemands, Italiens ou Hollandais. C'est à ces étrangers que Napoléon dut en partie son salut.

XXIII

Napoléon quitte l'armée.

Cependant, tout n'était pas terminé. Tchitchagof pouvait envoyer sa cavalerie sur la route de Wilna, rompre les ponts qui sont jetés sur les marais de la Lithuanie, retarder la marche de l'armée, donner à Wittgenstein et à Kutusof le temps d'arriver, et refaire encore deux ou trois Bérésinas nouvelles. Heureusement Tchitchagof, surpris et effrayé de se trouver seul en tête-à-tête avec Napoléon sur la rive droite de la Bérésina, s'écarta respectueusement, et l'armée française courut à marches forcées sur Wilna, but unique de tous ses désirs, centre de toutes ses espérances. C'est là qu'enfin l'on espérait manger et dormir à l'aise.

À Smorgoni, Napoléon réunit ses généraux le 5 décembre, et leur dit : « Chacun de nous a fait des fautes : la mienne est d'être resté trop longtemps à Moscou. Il n'y a qu'Eugène qui se soit conduit comme un vieux capitaine. » Ce modeste aveu n'avait pas d'autre but que de préparer les esprits à son départ. Personne ne fit la moindre objection ; mais tous étaient consternés. « Il faut contenir l'Allemagne, ajouta-t-il, effrayer l'Autriche et la Prusse, de peur qu'elles ne nous trahissent. » C'était vrai ; mais ce départ subit, quand l'armée était si misérable et si épuisée, devait décourager les plus intrépides. Il promit d'envoyer des renforts, remit le commandement à Murat, qui n'osa le refuser, bien qu'il eût plus d'envie de partir que Napoléon lui-même, lui laissa Berthier pour chef d'état-major, monta dans un traîneau avec son ami Caulaincourt, Duroc, Lobau et Lefebvre-Desnouettes, et courut à Varsovie sous l'escorte de cinquante lanciers polonais de la garde.

Peu s'en fallut qu'il ne fût pris par les Cosaques qui déjà couvraient la route en avant de l'armée. A Wilna, il eut un long entretien avec son confident Maret, le félicita d'avoir amassé d'immenses provisions de vivres, et crut que l'armée, nourrie, vêtue et refaite dans de bons cantonnements, pourrait garder la Lithuanie. S'il ne le crut pas, il feignit de le croire.

A Varsovie, il fut reçu par l'abbé de Pradt, son ambassadeur, qui n'avait pas rendu de grands services en Pologne, et qui avait fait plus de bons mots que de besogne. Il l'accueillit assez mal. L'abbé, pour se venger, a raconté plus tard leur conversation, ou plutôt le monologue de Napoléon, qui répétait à chaque instant (au dire de l'abbé) : « Du sublime au ridicule il n'y a qu'un pas. » Et à Dresde, il vit le roi de Saxe, bon et candide vieillard qui l'aimait un peu et le craignait beaucoup. Enfin, il arriva aux Tuileries le 18 décembre, à minuit, pour surprendre Marie-Louise comme un bon bourgeois.

Deux jours avant son arrivée, le *Moniteur* avait publié le fameux 29e *bulletin*, qui a laissé une trace si tragique dans l'histoire. C'était le récit de la retraite. Il rejetait tout sur le froid, c'est le froid qui avait eu tort et qui était venu trop tôt; mais il ne déguisa pas, comme à l'ordinaire, l'étendue de ses pertes.

XXIV

Conclusion.

Napoléon parti, l'armée parut comme un corps sans âme. Tout était désorganisé. Murat n'avait aucune autorité. Les généraux étaient consternés. Par un seul exemple on peut juger du reste. Le colonel de Montesquiou-Fezensac, qui avait passé le Niémen avec trois mille hommes, en ramena deux cents en Pologne. Tout le reste était dans cette proportion. La discipline était détruite. L'autorité des officiers était ouvertement méprisée. Après le départ de Napoléon, la recrudescence du froid fut telle, que la division Loison, composée de six mille jeunes Allemands qui sortaient des poêles bien chauffés à la mode de leur pays, périt tout entière en deux jours pour avoir été imprudemment envoyée à la rencontre de la grande armée. A Wilna, toute l'armée se précipita sur les magasins pour boire, manger et se vêtir à l'aise. La foule fut si grande qu'on se battit, qu'aucun corps ne voulut garder ses rangs et que le pillage commença.

Le lendemain, 9 décembre, sur le bruit de l'arrivée des Russes, Murat et tout l'état-major partirent sans donner aucun ordre et prirent le chemin de Kowno. Le froid était alors de trente degrés. A la sortie de Wilna, le trésor et les voitures s'arrêtèrent en encombrant la route. Les chevaux, n'étant pas ferrés à glace, ne pouvaient pas avancer et monter la côte. On perdit là dix millions en or, et un reste d'artillerie. Puis les Cosaques accoururent au galop, augmentant le désordre pour en profiter. Les chevaux furent dételés et emmenés; les malades et les blessés furent abandonnés. Enfin on continua la marche jusqu'à Kowno, sur les bords du Niémen. C'est de là qu'on était parti six mois auparavant.

Marche sur Kowno.

L'Empereur quitte l'armée.

A Kowno, les généraux tinrent conseil. Le Niémen, étant gelé, n'arrêtait pas la course effrénée des Cosaques. Ney et Gérard, avec trois ou quatre mille hommes, se chargèrent de protéger la retraite (13 décembre). Au premier feu, les soldats allemands, qui se croyaient sacrifiés au salut de tous, jetèrent leurs armes. Il fallut partir sur-le-champ avec six cents hommes, et comme les Cosaques avaient devancé Ney sur la route, son escorte s'enfuit et le laissa seul avec Gérard et quelques officiers. Heureusement, ils purent aller à Kœnisberg par des chemins de traverse.

Un seul corps restait intact, et même supérieur à l'ennemi, quoique fort diminué; c'était celui de Macdonald, qui observait Riga depuis le commencement de la campagne. En apprenant le triste sort de la grande armée, il repassa le Niémen à Tilsitt, sans attendre l'attaque de Witgenstein. Le général prussien, York, qui servait sous lui, se laissa volontairement entourer par les Russes, et, bientôt après, se joignit à eux contre l'armée française. La défection d'York fut le dernier acte de cette terrible campagne.

Ainsi, de cinq cent mille hommes de toutes nations, qui avaient passé le Niémen à la suite de Napoléon, il n'en restait pas plus de quarante mille, encore étaient-ils dispersés et fugitifs dans les forêts de la Pologne et de la Prusse. Ce fut la première armée que Napoléon perdit ainsi en une seule campagne et pour ainsi dire d'un seul coup. Celle qu'il leva bientôt après devait disparaître à Leipsig. Une troisième, moins nombreuse à la vérité, se fondit dans la campagne de France. La quatrième enfin et la dernière périt à Waterloo.

FIN.

TABLE DES MATIÈRES

FIN DE LA TABLE.

Paris. Typ. Rouge frères, Dunon et Fresné, r. du Four-St.-Germ., 43.